中华先贤人物故事汇

李 贽

王媛著

中华书局

图书在版编目（CIP）数据

李贽/王媛著. —北京：中华书局，2022.1
（中华先贤人物故事汇）
ISBN 978-7-101-15371-2

Ⅰ.李…　Ⅱ.王…　Ⅲ.李贽（1527~1602）-传记
Ⅳ.B248.91

中国版本图书馆 CIP 数据核字（2021）第 195571 号

书　　名	李　贽
著　　者	王　媛
丛 书 名	中华先贤人物故事汇
责任编辑	徐卫东　董邦冠
出版发行	中华书局
	（北京市丰台区太平桥西里 38 号　100073）
	http://www.zhbc.com.cn
	E-mail：zhbc@zhbc.com.cn
印　　刷	北京瑞古冠中印刷厂
版　　次	2022 年 1 月北京第 1 版
	2022 年 1 月北京第 1 次印刷
规　　格	开本/787×1092 毫米　1/32
	印张 5　插页 2　字数 56 千字
印　　数	1-10000 册
国际书号	ISBN 978-7-101-15371-2
定　　价	22.00 元

出版说明

孔子周游列国，创立儒家学说；张骞出使西域，开辟丝绸之路；书圣王羲之，留下了曲水流觞的佳话；诗仙李白，写下了"举头望明月，低头思故乡"的名篇；王安石为纠正时弊，推行变法；李时珍广集博采，躬亲实践，编撰医药学名著《本草纲目》……

这些杰出的历史人物，有的是在中华民族文明进程中做出过突出贡献、对后世产生过巨大影响的思想家、政治家，有的是对中华优秀传统文化的传承传播发挥过重大作用的文学家、艺术家、科学家，有的是为国家安定统一、民族融合团结和中外文化交流做出过杰出贡献的军事家、外交家……他们为中华民族的繁荣发展做出了伟大的贡献，他们的行为事迹、风范品格足为当世楷模，并垂范后世。

他们是中华民族的先贤人物。他们的思想、品德、事迹，是中华优秀传统文化的结晶。他们的故事，是对中华民族的禀赋、特点和气质最生动、最鲜活的阐释。他们的名字，在五千年中华文明史上最为光彩夺目。他们为五千年中华文明史书写了最为光辉灿烂的篇章。

为了解先贤，走近先贤，我们精心组织编写了这套《中华先贤人物故事汇》丛书。这套丛书，以详实可靠的史料为依据，以细腻动人的故事为载体，真实地呈现中华先贤人物的事迹、品格和精神风貌，彰显他们的贡献和功绩，以激发人们对国家民族的热爱，对中华文明、中华优秀传统文化的崇敬。

开卷有益，期待这套丛书成为你的良师益友。

目 录

导读 ······································· 1

题　名 ······································· 1

人　伦 ······································· 17

不　死 ······································· 33

天　窝 ······································· 50

贪　佛 ······································· 67

论　战 ······································· 85

童　心 ······································· 96

回　归 ………………………………………… 110

涅　槃 ………………………………………… 126

李贽生平简表 ………………………………… 145

导 读

李贽（1527—1602），字宏甫，号卓吾，又号百泉居士、温陵居士，福建晋江人。

他出生于一个世代以经商、务农为业的家庭，十五六岁时因成绩优异进入泉州府学读书，嘉靖三十一年（1552）考中举人，三十五年乞恩就教，从此走上仕途之路。

李贽早年为了完成家族责任，常常节衣缩食，陷入贫困的境地。生育七个子女，只有大女儿存活下来，其他六个都死于疾病和饥饿。在艰难的生活中，他悟到"穿衣吃饭即是人伦物理，除却穿衣吃饭，无伦物矣"的哲学思想，从此开始批判"存天理，灭人欲""三纲五常"等束缚人性的传统礼教。

在北京担任礼部司务时，他结识了著名的理学家赵大洲、徐用检、李逢阳等，在他们的引导下开始接触阳明心学。后来任南京刑部员外郎期间，又和焦竑、耿定理等人有深入的交流。万历九年（1581），他辞去云南姚安府知府的官职，来到黄安耿氏家中担任教职。在天窝书院隐居期间，他和耿定理兄长耿定向通过书信辩论哲学问题，二人冲突越来越大。

万历十二年（1584），耿定理去世以后，李贽移居湖北麻城，继续和耿定向展开论战。在将自己的书信文章结集，并以"焚书"之名刊刻之后，他遭到耿定向门人的声讨和驱逐，被迫出走武昌。四年后从武昌重新回到麻城，旋即又被再次驱逐，先后辗转于山东、山西、北京、南京等地。七十四岁时，他又一次回到麻城，并准备在那里终老。然而又被驱赶至安徽，后来随门人来到北京。万历三十年（1602），他被锦衣卫逮捕入狱，在监狱中自杀身亡。

李贽一生经历坎坷，对儒家礼教大胆怀疑，对现实压迫无畏地抗争，堪称古代社会中真正的勇士。

题 名

　　朝阳从海上缓缓升起，照进了静静流淌的晋江。飞鸟在江面上盘旋，远处江面上迎风鼓起点点白帆，港口渔民在霞光映照中纷纷浮船出海。

　　发源于戴云山的晋江从西北缓缓流向东南，影响着两岸民生。因为交通方便，泉州城从宋元以来逐渐发展成海内外商业贸易的巨埠。晋江之滨遍布高低错落、鳞次栉比的店铺，蕃舶商船把中国产的丝绸、陶瓷销往国外，又把东南亚的香料、药材、海产干货、手工饰品运回来贩卖。往来客商有的讲闽南话，有的讲客家话，有的讲官话，有的一开口就是吴侬软语，偶尔还能看到高鼻深眼的外国人。

　　商铺陆续开张，妈祖庙周边的街市开始热闹

起来。

市井中一座普通民宅的门口，林钟秀正在殷切地叮嘱儿子："入府学的第一天要举行释奠礼，千万不能迟到。"

李贽告别父亲，穿过几条街道急匆匆地朝府学走去。

府学大门紧闭着，十几名生员安静地站在门口等待。李贽看了一下，这些生员都是十五六岁，和他一样身穿襕衫，头戴方巾，肩上背着书袋。

过了一会儿，府学大门打开了。儒学教授唐尧宾风度翩翩地走出来，召集诸生列队站好，然后领着他们从洙泗桥进入文庙牌坊，再穿过泮池、拜庭，来到大成殿门口。

大成殿是泉州府学的主殿，最初建成于宋代，经过元、明两朝的反复修缮，梁枋纵横，极其雄伟壮观。大殿楹梁上挂着几块匾额，正中供奉圣人孔子的牌位，左右陈列钟鼓笙箫、鼎彝尊爵，象征着儒家以礼乐教化天下的使命。

李贽默默地欣赏大成殿中的陈设，一群献官、执事、通赞、乐工已经各自就位，带着诸生向孔子的牌位行礼，接着是迎神、奏唱、跪拜、献爵等十数通隆重而有序的礼节，礼毕之后就算正式入学了。

释奠礼完成以后，唐尧宾带着生员来到大成殿东侧的明伦堂。明伦堂是学宫讲学的处所，堂上悬挂了一块宋代大儒朱熹题额的牌匾，昭示着泉州府学悠久深厚的文化积淀。

明伦堂门前空地上有一座巨型石碑，唐尧宾走近前去，朗声说道："诸君请看这块石碑。这是国朝洪武以来本府乡试科目题名碑，上面刻着前辈举人的名字。乡试每三年考一次，考上的成为举人，就有资格在这里刻上名字了。每次新科放榜，题名碑就会增加许多人名。排在前面的墓木已拱，可他们的名字历经风雨冲刷仍清晰可辨。镂之金石，以垂不朽，是天下读书人的理想，但愿将来也能在这里看到你们的名字。"

诸生听到这番饱含激情的话语，望向题名碑的眼神中充满了崇拜。唐尧宾微微一笑，知道自己成功地在他们心里种下了读书进取的种子。

明伦堂中布置得简单朴素，讲台桌椅整齐有

序，墙上挂着历代先师的画像，还有一些修身齐家治国平天下的格言。

诸生安静地坐好，唐尧宾开始娓娓而谈："国朝天顺以前，经义文章不过敷演朱子传注，对偶也罢，散文也罢，都是可以的。成化二十三年（1487）会试考《乐天者保天下》，要求起讲先提三句，接着讲乐天，四股；中间过接四句，再讲保天下，四股；后面接四句，再作大结。自此以后便成定式。诸君今后若要在科举上下功夫，就不能不按照这个套路来写，这叫八股之法。"

唐尧宾看到有的学生脸上现出迷茫的神情，便继续说："具体地讲，八股分为破题、承题、起讲、入手、起股、中股、后股、束股八步；又要用孔子、孟子的口气说话，叫做替圣人立言。"

第一天的课结束了。李贽背着书袋从明伦堂出来，轻快地走到高高矗立的题名碑前面，停下来细读新科举人的名字。题名写满了石碑，已经没有什么空位了。他问教授："石碑快刻满了，以后考上的举人怎么办？"

唐尧宾微微一笑，答道："这个不用担心，我

李贽问教授："石碑快刻满了，以后考上的举人怎么办？"

正在寻访上好的珉石，等将来诸君高中了，一定会有新碑记载你们的名字。"

林钟秀是个老秀才，乡试考了七八次都没有中举，在泉州富户苏氏的家塾中任教。

李贽小时候也姓林，叫做林载贽。才咿呀学语的时候，父亲林钟秀就教他识字背书。在李贽五六岁时，母亲徐氏因病去世，林钟秀独自一人无法照顾，便把李贽送到二叔林廷桂家里去寄养。

林氏宗族居住在距离泉州西南五十多里的南安榕桥。林钟秀的父亲林宗洁以经商为生，勉强能够养活一家人。林钟秀兄弟四人婚后仍居住在一起，后来孩子越来越多，不得已才析箸分家。林钟秀带着妻子徐氏到泉州谋生，林廷桂则搬去榕桥三堡村居住。

三堡村后面巍峨雄峻的大帽山是福建境内四大名山之一，山上林深草茂，常年烟雾缭绕。白云寺坐落在山岭南麓，三堡村乡民的学堂设在寺中一处偏僻幽静的庭院里，李贽小时候就在这里读书。

乡下孩子罕有喜欢读书的，不过是认识些字，方便将来谋生罢了。教书的吴先生对待学生总是温和平易，迟到早退也甚少责备处罚。

一日，吴先生带着学生读《论语》，让学生从《论语》中选题作文。卷子收上来，有的写得文理不通，有的干脆就交白卷，只有李贽写的《老农老圃论》文采斐然。吴先生让李贽给同学讲这篇文章，他毫无难色，口才滔滔："《论语》中记载了子路见荷蓧老人的故事。荷蓧老人说子路的老师四体不勤，五谷不分，可是孔子并不生气，还非常客气地称荷蓧老人是'隐者'；而孔子的学生樊迟问种田种菜的事，孔子却把樊迟骂作小人，这不是很矛盾吗？可见孔子心里并不真正认同农业劳作，对自己的学生和对别人要求不一样，希望自己的学生有更高的志向。"

吴先生拿起文章当众诵读了一遍，赞道："文章立意新异，文气清通，字也写得挺拔秀丽，真是难得！白斋有子啊！"白斋是林钟秀的号，三堡村人们都这么称呼他。

颂美之辞传着传着，传到林钟秀的耳朵里。他知道传言不无夸张，心里仍十分欢喜。林氏家族世代以经商和务农为生，至今还没有人走上仕途，他热切地期盼儿子读书有成。李贽也不负所望，十六岁参加童子试，一举考中秀才，并且因为成绩优秀被录为府学生员。

林钟秀匆匆往家里走去，继室董氏早已准备好丰盛的饭菜等着丈夫和儿子归来。

"今天上学感觉怎么样？"

"释奠礼之后参观了乡试题名碑，密密麻麻都是泉州府历代举人的名字，我希望以后也能够把名字刻在上面。"

"好！万般皆下品，惟有读书高。"林钟秀听到儿子有这样的志向，破天荒给他倒了一杯酒。"我们家族到我这辈才开始读书，无根无蒂，无所成就。你现在粗通经典，以后还要更加努力才好。"

李贽点点头，举杯一饮而尽，初次喝酒的他被呛得不停咳嗽。

"可惜我自己屡试不中，给不了你什么指点。"林钟秀也喝了一口酒。

"只要把书读它千百遍，我就不信考不中。"李贽自信地说。

夜深了，泉州城中逐渐寂静下来。李贽做完日课，沐浴着床前月色沉沉地睡过去。

林氏祖先的牌位庄严地陈列在神龛里，见证着家族自河南迁至福建二百余年的历史。

今天是特意占卜的吉日。祠堂里非常热闹，林宗洁率领全家老少盛装而来。女人们在礼桌上布置三牲酒菜、糕饼、果品、香烛等丰盛供品，男人们往两侧廊庑底下放几个盥洗盆，抬水倒了进去。

"吉时已到——"

随着司仪的唱喏，林宗洁走到盥洗盆前恭恭敬敬地洗手，然后来到神龛前面点燃香烛，跪下去祭拜天地祖宗，口中祷念："托祖宗庇佑，林家长孙载贽今年已经二十岁，将在这里举行冠礼。"

祠堂里弥漫着庄严神圣的氛围，众宾严肃地站在一旁观礼。李贽缓步来到厅堂中央恭恭敬敬地给来宾作揖。林廷桂拿起陈列在礼桌上的篦子为他梳头、挽髻、加簪。林钟秀捧出礼冠，郑重地戴在他的头上，说道："男子二十而冠，冠礼之后你就成人了，应该负担起大人的责任。"

"谨遵父亲之命。"李贽应诺道。

头上的礼冠似乎有些沉甸甸的感觉，他小心翼翼地扶正了，确定不会掉下来之后，才跪下叩谢家族长辈。

冠礼之后，林宗洁给后辈们讲起了家族的历史："李氏自元朝南迁晋江，到我这里已有七世。一世祖李闾公经商有方，积累了雄厚的家资。二世祖林驽公长期在海外经商，足迹到达南洋、西亚。三世祖允诚公也从事海外商贸，最后死在广州龙山。四世祖乾学公、五世祖端阳公皆因精通外国语言，担任过通事官的职务。我的父亲和我都走经商的道路，后来官府严禁与外番通商，生意便做不下去了。所幸家中略有积蓄，不至于陷入饥寒的境地。但时移世易，终究还是读书能够长久。"

"祖父，为何一世祖姓李，而我们却姓林呢？"李贽不解地问。

"二世祖林驽公娶色目女子为妻，又皈依真主，回乡之后不容于族人，便改姓了林，因此村里便有姓林的，有姓李的，其实林、李乃属同宗。"

"原来如此！"李贽恍然大悟，"怪不得只有林氏族人做礼拜，李姓族人却不做礼拜，还常常看轻林姓族人。"

林钟秀问道："父亲，载贽既然立志从儒，慎终追远，是否应改姓李氏呢？"

林宗洁沉思片刻，点头道："若论根源，当以李姓为久远。"

林廷桂自幼看着李贽长大，虽为叔侄而情同父子，他和蔼地说："泉府读书风气好，后生小子无不读书，二十岁没有考取功名才去谋求其他职业。长辈盼你科举高中，但是不孝有三，无后为大，加冠以后得赶紧完成婚事了。"

林钟秀说道："我早已为他说好亲，年内就可以完婚了。"

听了父亲的话，李贽赶忙推辞："我想先办理肆业，谋个生计，婚事等明年再说吧。"

他参加过嘉靖二十二年（1543）、二十五年（1546）的乡试，都以落第告终。继母董氏相继生了七个孩子，父亲的薪资只能勉强维持生计，偶有人情应酬便入不敷出，他实在不忍心因为自己的婚事而增加家里的负担。

林钟秀说道:"你年纪尚浅,朱夫子的书还需慢慢体味。"

"先成家也好。"林廷桂对读书并不执着。"有的人天资平平而一举中第,有的人蜚声当世却屡试不中,可见天赋和努力虽然重要,运气也必不可少,总不能考不上就不谋生路吧!"

林钟秀无言以对。想到自己终生出入场屋,到头不过是个坐馆先生,反不及弟弟辛勤经商攒下丰厚家业,便听而任之。

嘉靖二十六年(1547),李贽与黄氏结婚。

嘉靖二十八年(1549),李贽第三次参加乡试失败。

李贽垂头丧气地坐在书桌前面。窗外的梧桐叶纷纷飘落在地上,他感觉自己的生命也像秋风中的叶子在逐渐丧失生气。

林钟秀叹道:"亲家黄氏一族男子众多,三世读书,即使不读书也能从事本分生理,但至今仍不见有人举孝廉、选贡生。你日间谋生,夜里读书,未尝有半日偷懒,科考却屡试不第,也许这是我们家族的命运吧。"

李贽深知父亲的期许之高，不得不反过来安慰他："黄家重男轻女，生女不举之事时有发生，他们阴德有亏才导致后人读书无成。我们家从不做缺德事，只是时机未到罢了。"

话虽如此，他心里却是一片迷茫。

一部《四书五经大全》翻读了千百遍，早已残破不堪，包背的封页都已经脱落了。李贽小心翼翼地抚平发皱的书页，拿出工具在书脑上钻了几个孔，打算用丝线缝起来。从未做过针线活的手显得非常笨拙，从书眼穿出的线歪歪斜斜的，让他生出强烈的挫败感。

他把《四书五经大全》放回到书架上，毫无意绪地坐在书桌前面。

"古人云：读书百遍，其义自见。我对孔门经典几乎能够倒背如流，朱子传注也早已熟谙于心，为什么考试总不能如愿呢？"

案上有一部时文选编，过去他觉得里面的文章迂腐无聊，一直没怎么翻阅。

"这些文章能够被主考官选中，必然有过人之处吧。"

他拿起来一篇篇诵读，直到夜阑人静仍毫无发现，心灰意冷地把书和笔砚都收进抽屉里，拿一把锁锁上。

秋雨淅淅沥沥地落在屋顶上，黑暗从四面八方压迫过来，仿佛一张巨网把他紧紧地罩住，让他感到绝望而难过，二十多年的人生景象如同老牛反刍般反反复复地出现在脑海里。他忽然心里一动，想起唐尧宾讲过的八股之法。重新点燃蜡烛，拿出时文选编来看，果然都是自己嗤之以鼻的八股文。

"难道这就是我失败的根由？"他心中豁然开朗，却陷入愤怒的情绪之中："如果科举考试只是文字游戏，那就当成游戏好了！"

李贽不再苦苦揣摩经典的精义，而是搜集大量晚近乡试的文章，只取其中尖新可爱的篇章每天朗诵。

嘉靖三十一年（1552），李贽中了举人。

唐尧宾教授终于寻到一块石碑，把晚近几科的举人名字都刻上去。

新碑落成之日，林钟秀带着全家老小过来观瞻。他在密密麻麻的名字中找到了"李载贽"三个字，兴奋地说："快看，老大的名字在这里，从此我们也是读书人家了。"

唐尧宾说道："北京国子监中也有题名碑，不过那是进士题名碑。乡试考中以后是举人，举人就有资格去京城参加会试，会试通过成为贡士，再参加皇帝主持的殿试，被选中才是进士。还有漫长的路要走啊！"

"如果考上进士，名字就能题在京城的石碑上了。"林钟秀眼中闪烁着希望。

李贽望着眼前的题名碑，却感到无尽的冰冷和沉重，似乎耗尽了他的全部力气才将自己的名字刻在上面。他只想快点从这个梦魇中挣脱出来。

嘉靖三十五年（1556），李贽和族兄林奇材一起到京城参加会试，双双落榜了。

李贽写好了乞恩就教的文书，准备递交给礼部。

林奇材劝道："一旦选授，就得去任职，从此不准再参加会试。即使意外开恩参加会试，地方公务繁多也难以获得批假。我从嘉靖二十六年开始参加会试，落榜四次都不去请求派遣，你且不着急，再考一次。"

李贽何尝不知道明朝官场讲求出处，举人只能选授教谕、训导之类未入流的地方教官，世家子弟都想登甲第，不经过三四次会试下第，便不愿意去就教。可是过去几年为了帮助父亲抚养弟妹，没有留下分文积蓄，且家中两个孩子嗷嗷待哺，他太需要一份稳定的收入了。

他摇头说道："我寒窗苦读，用了十年时间才考上举人，倒不是因为对圣贤思想有深刻的理解，而是编选熟习时文，将应试当成游戏文字才得以高中。这种侥幸的事偶一为之则可，不能一而再地发生。国朝有下第举人乞恩就教的规定，如果能放到江南便地，我就很满意了。"

林奇材见他执意如此，便不再劝说。

礼部将乞恩举人引赴廷试，不久之后吏部就选除授官了，李贽的职位是河南辉县教谕。

人 伦

对于李贽的家庭来说，中举就像干旱中下了一场及时雨。

官府免去他家的田租杂役，还不时发放补贴，这是实实在在的好处。虽然不能马上做官，但有这个希望在，别人对他家自然另眼相看。许久没有走动的亲朋好友纷纷登门道贺，往日见面不太理会的街坊邻居也来主动攀话，分外热络。门前往来不绝的车马打破了宁静的生活，繁琐的人情往来也让人感到无奈，好在弟妹的婚事先后有了着落。

作为家中长子，又是唯一的举人，弟妹嫁娶的责任自然落在他的身上。

二妹早已与苏存淑订婚。苏存淑的父亲古泉公苏镇是泉州富户，母亲是正德十六年（1521）进士、四川巡抚丘养浩之妹。林钟秀过去在苏家担任塾师，苏家看重他的人品学问，故有缔结婚姻之约。

三书六礼程序复杂，李贽谨慎地对待每个环节，唯恐妹妹高攀了苏家，嫁过去之后受人轻视。

他有些难为情地看着寒薄的嫁妆，跟妻子黄氏商量："丘家贵盛无比，我们无法与之媲美。可就算在普通人家看来，二妹的陪嫁也实在太少了。你的发簪、镯子可否转送于她？"

因为娘家重男轻女，黄氏的嫁妆其实并不丰厚，但她仍点头答应了。

二妹拒绝了他们的心意："兄长中举已经给了我足够的底气。苏家是泉州富户，又志在读书，必不会因为些小财物而薄待于我。"

婚礼当天，苏家女眷听说新娘是新科举人的妹妹，争相过来观看，以为必定艳妆巧饰。当她们看到李氏衣着寒俭，不禁大失所望。苏家婢仆悄悄搜检新娘的妆奁，看到并没有多少陪嫁，心里便有几分鄙薄之意。

"举人又如何，穷得连嫁妆都拿不出来。"

"毕竟只是举人，比老夫人的外家还是低了一头。"

话语有意无意地传到李贽耳中，他心里越发尴尬难受。

李氏哂然一笑，对苏存淑说："君家也是读书的，难道不知道娣袂良的意思吗？"

苏存淑深深动容，说道："《周易》云：帝乙归妹，其君之袂不如其娣之袂良。新妇有后来居上之心，实为吾家之幸。"他命人撤去家中藻饰华丽之物，从此不以奢豪自夸。

李氏婚后辛勤持家，亲自纺衣织布，教养儿子。泉州人将他们父子三人比拟于"眉山三苏"，称苏存淑为"老苏"，两子为"小苏"。

看着弟弟妹妹陆续成家生子，生活美满，李贽感到很欣慰。

他开始准备赴任辉县教谕了。家里的房屋早已不够住，他要把妻子黄氏和儿女都带去河南，好给弟弟们腾出地方。父亲刚刚结束一份教职，颇有逍遥山水的心思，也想跟着一起去。

万事安排妥当，不料儿子突然生病去世了。

黄氏抱着儿子瘦弱冰冷的身体哭昏了过去，林钟秀也连连叹气。李贽强忍心中的难过，找一块地把孩子埋葬了。

河南辉县教谕任满，李贽被任命为南京国子监博士。父亲林钟秀年老了，不能跟着他四处奔走。李贽把家人送回泉州，然后才去南京任职。

南京国子监建成于洪武十五年（1382），在永乐皇帝迁都之前一直是大明王朝的国家教育机构和最高学府。从偏僻闭塞的辉县来到人文荟萃的陪都，李贽心里十分兴奋。可是上任才两个月，老家便传来讣告，父亲因病去世了。

按照朝廷规定，必须丁忧守制三年。李贽办好离职手续，收拾好东西准备启程。

从南京到泉州路途两千里，江浙福建沿海州县倭寇作乱，李贽对此早有耳闻。上路之后，他发现实际情况比传闻更为恶劣。走入浙江地界之后，不时见到被倭寇烧杀抢掠的市集村庄，鸡犬不留，荒无人烟，路边横着人或动物的尸骨，满目凄凉。各处州县的城市因为倭寇横行，城门只能晚开早闭，一应出入皆要盘诘。

他只好晚上赶路，白天停歇，走了大半年才回到泉州。

泉州城里的商铺门庭冷落，与过去的繁华景象已大不相同。李贽无暇仔细观看，换上衰衣就到南安乡下义庄去拜祭父亲。

一队士兵匆匆跑过妈祖庙门前，一边吆喝道："让开，让开！抓人了！"李贽赶紧靠边站好，不敢出声。士兵们跑进一家门面高大、装修华丽的店铺，把里面的客人全部赶走。带队的头领拿出一张纸，对店铺掌柜说："有人举报你们店非法售卖外番物件，奉命查看。"他们把架上的、柜里的商品都翻出来，洒得地上到处都是。过了一会，好像找到了证据，把掌柜和伙计都押走了，店铺关门，贴上封条。

街上围观的商贩无奈地说："这样的抓人事件今年已经发生十余起。海禁以来，生意越发难做了。"

另一个人摇头叹息道："以前种地田赋太高，只得弃耕出海，贩货为生，如今这条路也被堵住了，无可奈何！"

商贩满脸愤恨，说道："若非如此，又怎会有那么多海盗呢？这是逼民造反啊！"

那人拉了拉商贩的衣襟，商贩赶紧闭嘴走了。

李贽在归家路上眼见耳闻，知道所谓的倭寇其实大多是中国人。有的是犯事逃走主动投诚的失业商贩；有的是敢于铤而走险的江湖中人；有的是被盗寇抓去的渔民、商贩，回归无日，便成了其中的成员。曾在海上横行一时的大盗汪直被胡宗宪诱杀于杭州，本是为了杀鸡儆猴，谁知并没有起到震慑作用，寇匪知道投降必死，反而更加猖狂了。

从南安拜祭归来，泉州锁闭了城门，城里拉起警报，张贴出告示招募壮丁帮助守城。李家就在德济门附近，弟弟们心中惶惶，聚在一起商量要不要收拾东西入山避寇。

李贽说道："我虽是从八品芝麻官，也算食君之禄，在此危难关头怎能逃避？何况泉州城有重兵看守，如果这样都不能保全百姓，青阳、南安等处就更危险了。当此之时，男子应当共同守城，女人孩子闭户居家，谁也不得乱跑。"

他把一切安排妥当，便去民兵营里报告。

李贽身穿麻衣，与兄弟子侄或在城里各处守护，或到城楼上巡视。偶逢盗寇攻城，士兵从墙上不断往下射箭，百姓也帮着投掷石头，城下盗寇流血伤亡，尸体枕藉，触目惊心。

　　泉州城里商旅往来几乎完全断绝，物价飞涨不说，大米更是稀缺，有钱也难买到。李贽家里十几口人赖其守制期间的半俸收入饥一餐饱一餐地撑着。

　　三年服丧期满，晋江两岸寇乱也平定了不少，人们开始重振生理。

　　李贽带着家人回南京任职。南京国子监的职位已经被人替补，他只好去北京吏部销假，重新排队候补空缺。

　　京城米贵，居大不易，李贽在偏僻的西山脚下租了一处房子，开始了漫长的等待。

　　一个月又一个月过去，转眼间寒冬已至，大雪纷飞，几个初次来京的孩子不堪忍受酷冷，相继生病了。家中就快断粮了，孩子尚有一碗米浆，大人已经六七天没有进食。李贽僵卧在冷炕

大雪纷飞，几个初次来京的孩子不堪忍受酷冷，相继生病了。

上百计莫出。

"莫非我们全家就要饿死在这里？"这个从不轻言放弃的汉子默默地流下眼泪。

房东见李贽一家多日没有出门，又没有半点烟火气息，便过来探看。得知他们多日没有进食，熬了一锅粗黍粥送过来。一家人狼吞虎咽地吃着热腾腾的稀粥，只觉得从未吃过如此美味的粮食。

李贽问房东："真好吃，这是什么东西？"

房东不觉失笑："只是乡下粗粮而已。你们觉得好吃，是因为太饿了。"

房东找了几个乡村孩子让李贽教课，以求升斗之养。

等了将近一年，吏部的任命终于下来了，职位是北京国子监博士。

李贽非常满意，国子监博士薪水虽然不高，总算是个京官，不用再跑去外地，省了不少路上开销。因为有了稳定的收入，他的心情也变得轻松起来。

一日，他忽然接到书信，祖父林宗洁去世了。

从北京到泉州路途更加遥远，拖家带口，路费将从何而出？李贽沮丧地回到家里，却见黄氏坐在床边抽噎，原来长期卧病的次子也离世了。

长子去世的悲凄还不曾忘怀，如今又丧一子，他心痛得近乎麻木。

北京的朋友和国子监同僚得知消息，纷纷送来了赙仪，几日之间竟积了一笔不菲的钱财。李贽埋葬了儿子之后，拖着劳累的身体开始收拾行李。

泉州人情繁杂，市井百姓大多势利，只因他中举做官才高看一眼。族人也以为他吃着皇粮，日子必然过得滋润，不免事事倚赖于他。前些年父亲去世，灵柩尚停放在义庄，死去多年的曾祖父也还没有下葬。此番回去如果不能安葬先人，无论如何是说不过去的。

"百无一用是书生！"想到家族的责任，李贽心里有万千烦恼。

眼前要花钱的地方太多，如果带着黄氏和三个女儿回去，各种开支又要加倍。为了节省路费，他想自己一人回去奔丧。

黄氏哀求道："我已经七八年没有回娘家了，听说我娘一想我就哭，眼睛都哭瞎了，我要回去看看她。"

李贽无奈地说:"并非我不想带你回家,只是花销太大了。你看这笔赙金虽然不少,但家里曾祖父、父亲都还没有入葬。他们离世多年,再不下葬,人们真要笑我们李家无后了。"

黄氏太了解自己的丈夫,知道他决定了的事是不会改变的。她转身擦掉眼里的泪水,低声说道:"你回去以后去一趟我家,告诉我母亲我在这里一切安好,请她不必挂念,这样我也不怨你了。"

李贽点头答应,又说:"北京物价太高,难以维持生活,倒是河南辉县生活费用低,我回途带你们到那里找个地方住下吧。"

李贽带着黄氏和三个女儿,沿官道走了十多天才到达辉县。

他在辉县有一些朋友,然而考虑到有孝在身,李贽并没有去麻烦他们。好在对这里熟悉,很快就在郊区买到房屋和田地。

他叮嘱妻子:"家里衣物尽有,粮食要自己耕种,你们在这里安心住着,等我回来。"

安顿好妻女之后，他正要奔赴泉州，有邻人前来告知："今年久旱无雨，田里作物都晒焦枯萎了，恐怕要影响收成啊。"

李贽闻言，心里焦虑起来。转而又想，辉县有漕渠经过，引水灌溉并非难事，只是辛苦些罢了。他刚放宽心，邻人又来奔走相告："新近来的一位漕司官员说漕河是运送皇粮的河道，不准百姓们引水浇地。"

李贽来到田间，看到土地被晒得干裂，作物低垂着头没有半点精神，再不浇水就要渴死了。

田间几个农夫在议论："听说漕司官员是个贪官，想必是以此要挟索要贿赂。"

"可是我们都这么穷，哪里有钱去送给他呢？"

大家都一筹莫展，义愤填膺。得知李贽在京城做官，也不管他担任什么职位，都过来请求："您能不能帮我们去说说情呢？"

李贽听说过漕司官员的名字，据他所知，这个人的确是贪官。老百姓对于官员天生就有一种敬畏感，目前能出头的人只有自己了。他又感到非常为难，自己和漕司官员没有什么交情，哪里有那么大的面子去为所有人说情。

果然，李贽去见那位官员，为百姓竭力求情，未得应允。

"没有收成该怎么办呢？"黄氏心里发愁。

李贽心想，如果只为浇灌自己家几亩地，倒是可以说得动的，但怎么好意思看着别人田地干旱，只浇灌自己的田地呢？

他安慰妻子和邻人道："我和漕司官员并未共事，虽然听过他的名字，却不相熟。我想他是读过圣贤书的，纵使不能做到爱民如子，但凡有平常人的良心都不会坐视一县百姓白白饿死。"

农人有些失望。李贽又说："设身处地来想，如果是我负责这件事，也绝不可能借着干旱敛财。"

他心里对自己的话也未能十分信服，但眼下已无计可施，只能赌这一把了。

祖父林宗洁的丧事已经办完，几代先人的灵柩都停放在义庄。

"叔伯中也有经商的，虽非巨富，怎会连安葬的费用都拿不出来？"李贽问。

林廷桂对此颇感无奈。"只是你曾祖父当年嘱咐，后辈有出息时再行下葬，否则入土也不得安乐，故此不敢违背先人意愿。好在你考上举人，又在京城任职，算是出人头地了。"

李贽点头说道："我正有此意。"

在他的主持下，自曾祖辈以下的族人聚集起来依礼拜祭，又请风水师择地埋葬。前后费了一个多月，堆土为坟，植树为饰，李家先人终于入土为安。

丧期已满，李贽挥手告别叔叔和弟弟们。

他坐在船头上，望着沿江两岸熟悉的景物不断地逝去，心里充满着对妻子女儿的思念。

他日夜兼程，终于来到辉县，望见置田买屋的村庄了。路边田地里长着绿油油的蔬菜，几个儿童在山坡上放牛唱歌，他的心情一下子变得轻松起来，心想，几个丫头都长高了吧！

推开柴门，走进院子里。"丫头！爹爹回来了！"

房门咯吱一声打开了，探出一个头发蓬乱的脑袋。看到是父亲，大女儿雀跃地跑出来，抱住父亲不放。

李贽握住女儿瘦骨嶙峋的小手，问道："母亲呢？妹妹呢？"

女儿的眼泪一下子就掉下来了。"母亲去田里了。妹妹，妹妹——"再也说不出话来，只顾着抽噎。

"怎么啦，你倒是说话呀！"李贽着急地问道。

"没了。"

李贽心里仿佛沉入万丈深渊，庭院里白花花的日光刺得他快要晕倒了。过了好久，异常艰难地挤出几个字："怎么没的？"

"干旱死了很多人，二妹三妹都饿死了。"

黄氏回来了。三年不见，她长出了许多白发，又黑又瘦的脸颊刻上了深深的皱纹，眼神却是那般平静、冷漠。女儿悄悄地走开了。

李贽看着妻子的神情，只想到了一句话：哀莫大于心死。他默默地抱住妻子，觉得自己像蝼蚁般卑微无力，哪里有半点人间伟丈夫的样子。

过了许久，终于听到一阵低声啜泣，渐而变成难以自抑的悲恸。

他强忍着泪水，心里充满了无尽的悔恨。如果当初带着黄氏和女儿们一起回泉州，或者放下尊严向贪官为自家田地求水，也许就不会害得两个女儿白白饿死。自己竟相信"存天理、灭人欲""饿死事小，失节事大"的话，真是可笑！

　　突然间他灵台清明，喃喃说道："什么是人伦物理？穿衣吃饭即是人伦物理。"

　　黄氏不解地望着他："你说什么？"

　　"我对不起你们。"他轻轻地对黄氏说。

　　黄氏非常震惊，她知道李贽是多么骄傲自负的人，泪水又模糊了她的眼睛。

不　死

炎暑中长途奔波加上丧女之痛，李贽终于病倒了。

他原本只想悄悄处理掉房屋和田产，然后带着家眷入京就职。可这一病，不得不向辉县友人求助了。

旧日好友得知李贽重回辉县，纷纷前来探视，送钱送粮，劝说他不必急于回京。

经历了六位亲人的离世，功名富贵如同浮云，已不能激发他的热情。朋友的古道热肠令他非常感动。读书论道，堪以忘忧，他渐渐从人伦重担中超脱出来，抚平心中的悲伤。

应友人张士允、赵永亨、陈荩、张士乐、傅坤的邀请，他到离城十里开外的白云山中去避暑。白云山里林木遮天蔽日，有一处人迹罕至的野寺。张士允长期寄居寺中养病，对山中风物非常熟悉，带着众人四处游玩。

李贽在山中信步行走，诗兴大发，吟道：

> 世事何纷纷，教予不欲闻。
> 出郊聊纵目，双塔在孤云。
> 雨过山头见，天晴日未曛。
> 骑驴觅短策，对酒好论文。

张士允击节叹赏："好诗，有出世之思啊。"

李贽微微一笑："人生苦短，贵适意耳。当日从南京去北京，途经苏州吴县支硎山，曾与寺中云松上人流连数日，几乎不作仕途之想。不得已恋恋而去，临别赠诗'自借松风一高枕，始知僧舍是吾庐'，乃出真心，并非矫情。"

六人悠游终日，吟诗唱和，号为"六友"。不知不觉夏去秋来，山中已有凉气。

一日，卫辉府推官邓石阳载酒来访李贽。邓石阳是四川内江人，师从蜀地著名学者赵大洲，在大洲门人中为弟子班头。

对李贽而言，邓石阳不仅是友人，同时也是救命恩人。妻子黄氏告诉他："当日干旱颗粒无收，邓推官负责赈灾事务，邻人知道邓推官是李家故人，让我去找他求助。"

李贽心里咯噔了一下。"你是否向他求助了？"

"当然没有，我怎么能违反你的心意，轻易求助于他人？"黄氏说道，"不过邓推官知道我们的身份，特地捐了部分俸金，还写信给县府官员请求关照，我们母女俩赖此得以存活。"

这份人情李贽时刻记念着。邓石阳邀请李贽到百泉去游玩散心。百泉在辉县西北苏门山南麓，因湖底泉眼无数，泉水涌起时累累如贯珠而得名。宋代大儒邵雍曾在此隐居著书，李贽雅慕邵雍之学，从前在辉县任职时多次与友人往游，还自号为百泉居士。

邓石阳看起来有些心事，说道："族叔邓豁渠曾追随吾师大洲先生，十余年前忽然入青城山落发出家。家中有女及笄而不嫁，祖丧不举，父丧不归，最终堕于旁流末道，被吾师斥逐。日前投靠在我官舍中，终日出游，甚为不便。我封赠路费请他归还故里，没想到他竟分文不取，拂袖而去。"

"我听说过他。"李贽知道邓豁渠是个直行见性的人，"道不同不相为谋。各得其所，相忘于江湖就好，何必鸣鼓而攻之？"

邓石阳叹道："大洲师教诲：'发出世之愿，不忘经世之忧。'豁渠和我是同族，我却不能劝他归于人伦正道，不免感到怅然。"

赵大洲以阳明后学自居，李贽尚未亲炙一面，但觉其学过于精切，一步也不肯放过，心下颇不以为然。"邵康节千里迢迢从洛阳来到这里追随李之才治学，至四十岁读书有得，才回洛阳娶妻成家。可见果能有益于学问，虽万里不远。豁渠先生舍家求道，自有令人佩服之处。"

"若要抛家弃子以求道，则所求之道岂非异端，如何能与康节先生相比？"

李贽看着邓石阳一脸正义凛然的样子，心里有些反感。虽为故友，却是话不投机。

是时候离开辉县了。北京国子监的职务已被人顶替，新放官职是礼部司务。礼部司务是从九品的秩级，负责勾销、收发公文。朋友劝他："礼部司务待遇比国子监博士更低，何必着急去上任，且等有更好官缺再去罢了。"

李贽心里想的却不是薪水待遇的问题。自己根底浅薄，京城里有更多"胜己之友"一起切磋学问。

"穷莫穷于不闻道，乐莫乐于安汝止。十余年来我奔走南北，尽为家事所困，全忘却安乐之想。礼部司务虽是穷官，好在京城人文荟萃，堪以访学。"

朋友们懂得李贽的心意，便不再挽留。

时值深秋，北京西山层林尽染，异常绚烂。

此番归来，族中责任已了，身边只有一个女儿，俸禄虽薄足以供养全家，因此李贽的心境与从前大不相同。他从路边小摊上买来糖葫芦儿、梨儿、枣儿给女儿当零食。看着女儿天真快乐的样子，他露出了心满意足的微笑。

礼部司务是个闲职，李贽以读书消磨日子。生死问题就像个难解的结重重缠绕在他的心头，他迫切地想从书中找到解决的方法。同在礼部任职的李逢阳、徐用检见他喜爱读书，时常过来找他聊天。

十二月中旬，礼部接到嘉靖皇帝驾崩的讣告。京城官员需要依制改穿素服，参加斋宿、吊丧等礼仪。李贽品级低，许多程序都不必参加。他感到震惊的是，嘉靖皇帝竟是服食丹药过度而死。

"服食求神仙，多为药所误。古人诚不我欺。"李贽叹道，"从秦始皇以来，多少帝王将相、贤达之士在寻求长生之道，从来都没有成功过，作为普通百姓又能如何？"

徐用检说道："你知道古人怎么看待生死吗？有人说：人生苦短，何不及时立德、立功、立言，以垂不朽？还有人说：使我有身后名，不如即时一杯酒，还是抓紧时间享受人生吧！"

李贽听到"不朽"之说，心里想起了明伦堂门口的题名碑。"每个人能力、际遇各不相同，三不朽需要上上等缘分，岂是普通人所能追求？但若任他沉沦，又心有不甘。"

徐用检道："大洲先生正在此间讲学，一起去听不？"

李贽不想去，说道："我自幼倔强难化，不信道，不信佛，见道人、僧人则心生厌恶，见道学先生更为厌恶。"

徐用检问道："你可怕死？"

李贽不明白他为何如此发问，老老实实答道："如何不怕？"

"既然怕死，何不学道？学道可以超脱生死。"徐用检手里拿着一卷《金刚经》递给他。"这是不死学问，你也不想了解吗？"

李贽对《金刚经》早有耳闻，却从未读过，吃惊地问："难道大洲先生也读佛经？"

徐用检大笑道："你性格偏狭，容易对人怀有偏见，未听过大洲讲学便有如此深的成见。大洲乃泰山学派王心斋再传弟子，心斋学问出自阳明先生。沿波讨源，学有根本，岂是容易摇撼的？"

李贽对徐用检的批评深以为然。"在下为人不愿受管束。前些日子反思平生事，任教谕时与县令、提学触，任博士时与祭酒、司业触，如今司曹

徐用检手里拿着一卷《金刚经》，递给李贽。

务，与高尚书、殷尚书、王侍郎、万侍郎尽触，怕是与这性格有关。为此还起了个号叫宏甫，警醒自己要宽宏大量，以恕道待人。"

"非也，非也。"徐用检摇摇手，"眼界开阔自然心胸豁达。你处处与人抵牾，究其原因，在于学问尚未融通。"

李贽对徐用检越发佩服了，便同他去听赵大洲讲学。

赵大洲在嘉靖朝与权臣严嵩不和，两度因遭到中伤而去职。隆庆皇帝登基后被任命为礼部侍郎兼翰林院学士，掌詹事府事务，旋即又被任为国子祭酒，充当经筵日讲官，为皇太子讲授经书。尽管公务繁忙，他仍抽出时间跟京城士人一起讲论学问。

"考亭夫子讲格物致知，先知后行。阳明先生依其法格竹子七日，毫无所获。后在龙场悟道，首倡知行合一之说。他说自己平生讲学只是'致良知'三字，又说'学贵得之心，求之于心而非，虽其言之出于孔子，不敢以为是；求之于心而是，虽其言之出于庸常，不敢以为非'。这就是阳明先生学问的精髓。诸君读书时，务必参透。"

听讲的士子不住地点头。李贽厕坐其中，听了这番话，顿觉二十多年苦读儒家之书竟似白读了一般。

散学之后李贽独自走在路上，还在回味着："良知良能，愚夫愚妇与圣人同。""故人人胸中皆有圣人，人人皆可成为圣人。""与愚夫愚妇同的，就是同德；与愚夫愚妇不同的，就是异端。"

大儒王阳明的话真是振聋发聩！

北京的冬天很寒冷，李贽心里却异常火热，又异常沮丧。恨自己晚生了几十年，对这位千古圣人所当让德、让美、让才的大哲人没能亲睹其风采，亲耳聆听其教诲。但又转而庆幸，王阳明的书到处流传，不难获得。

李贽把书肆里王阳明的书都买了回来，废寝忘食地阅读。读了一遍又一遍，偶有不能理解的便用笔写在边栏外面，打算去向赵大洲请教。

赵大洲公务实在太忙，不久之后又因与辅臣高拱不和，致仕回乡去了。李贽只好就着徐用检叩问心学理法。有时读书到了深夜，碰到百思不得其解的问题，便干脆不睡觉，天蒙蒙亮就去徐家门口候着。

徐用检性格严整，每日早起穿戴整齐，神色肃穆，出得门来目不斜视，也不与人交谈，径自上马而去。李贽丝毫不以为怪，更加用功读书，把王阳明的著作都读完，又因及佛家经典，并老庄及先秦两汉诸子百家之书，皆泛览博观。

一日，徐用检等人又聚在一起讲学。李贽听完他们谈论的内容，竟能前后贯通，豁然自解，并跟随他们的话头提出颇为中肯的看法。

徐用检叹道："三日不见，当刮目相看。李君进益之速令人惊讶，以今观之，堪称闻道早而见道卓呀！"

李贽也不谦虚，说道："颜子曾以孔子之卓为苦，其实道固能使人卓然，又何苦之有？"

李贽感到前所未有的满足，为了自勉，他给自己取号为"卓吾"。

京城里讲究人情交往，李贽品性刚直，常常因为与上级发生冲突而感到苦恼。

礼部司务任期已满，又要重新放官了。他主动乞求去就外地清闲的职位，如其所愿，这次改选为南京刑部员外郎。

他从通州坐船南下，不日便到了南京。

此次前来，李贽最想结识的人是鼎鼎大名的才子焦竑。他早已听闻"白下焦弱侯"的大名，在北京时也曾匆匆见过一次面，可惜没有深交。

焦竑二十四岁考中举人，会试却是屡战屡败。清凉山附近有一座焦氏藏书楼，五楹俱满，大多典籍都经过他的校雠。李贽翻阅着焦竑的《欣赏斋书目》，大为惊叹。两人一边参观藏书，一边谈论起当代学术。

焦竑说道："南京书院很多，以楚侗师所创崇正书院最有名。我在那里读书时，讲学风气极盛。晚近以来学者皆宗阳明学，楚侗师曾倡议以阳明先生配祀孔庙。"

楚侗是湖北学者耿定向的号。耿定向督学南畿时不以青紫业苛责诸生，而诱以古之正学，激发起留都士子的治学兴趣。

李贽感慨自己无缘得见耿定向，又转而谈论儒学义理。他循着王阳明的思路试图突破孔子学说的藩篱，焦竑也对孟子多有疑问，两人一拍即合，相见恨晚。

为了结识更多志同道合的读书人，形成稳定的交流机制，李贽写了一则《会期小启》，约定每月十六为固定集会之日。他把《会期小启》分发给同僚，一位僚友很不理解，说道："我们都是读书出身，经典义理岂有不明白的，又何必讲个不休？"

李贽应道："足下由科举出身走入仕途，当然读过书。可惜不识字，所以还要讲一讲。"

僚友听了他的讽刺，脸上一阵红一阵白，怒道："李兄说话太过分了吧？"

"难道不是吗？"李贽缓缓说道，"《论语》《大学》两部书是不是都读过？《论语》开卷是个'学'字，《大学》开卷是'大学'二字，这三字你都认识吗？如果认识，自当有所证验，否则如何敢说自己认识了呢？"

僚友被他说得哑口无言，悻悻而逃。

正好有几个人结伴走过来，其中一人击掌赞道："兄台果如传说中那般，艺高人胆大，讲话不留情。"

"岂敢岂敢！"李贽拱手说道，"有些人靠一篇八股文取得功名，自此便不再读书，也敢自命为读书人，在下无法心服。"

那人问道："治学贵有自信，所以有'吾斯之未能信'之语。治学又怕自以为是，所以说'自以为是，不可与入尧舜之道'。请问自信与自以为是有什么区别？"

李贽答道："自以为是，不可与入尧舜之道；不自以为是，也不可与入尧舜之道。"

那人哈哈大笑，说道："在下耿定理，听了兄台的谈论，亦是可以入道之人，愿与你结识。"

李贽听说是耿定理，不禁大喜。

耿定理是耿定向的二弟，他们还有一个弟弟，叫做耿定力。耿定向是兄长，为人老成，治学严谨。耿定理、耿定力则兴趣广泛，不仅习儒，还涉猎老氏、佛氏。耿定向、耿定力皆已入仕，只有耿定理一心读书游学，不以仕途为意。

有个叫李士龙的名士到黄安拜访耿定理，耿定理却不与他谈论学术，李士龙以为耿定理看轻自己，心里愤愤不平，告辞而去。耿定理送他到渡口，问："孔子曰：'不曰如之何，如之何？'此句该作何解释？"李士龙一愣，答道："就是要熟思而审处，不如此而妄行，即使是圣人也没有办法。"耿定理说道："这是朱子讲的，你只会引用朱子的话，毕竟也是'不曰如之何，如之何'者。"李士龙听了，竟似得到莫大的启发，从此读书大有进益。

李贽听焦竑讲这个故事的时候，就知道耿定理读书很有心得，并不专以朱子的是非为是非。今日听他的提问，正在知行的难点上，于是心里顿生佩服之情，彼此立下订交之约。

耿定理治学务求深思正解，李贽则以颖悟和才辨著称。在南京逗留了一段时间，耿定理日日与李贽谈论学问，互相砥砺。

"学而无疑，恰如无学。"耿定理对李贽极为推崇，回到湖北之后四处对人称说，他的朋友圈中竟无人不知李贽。耿氏门人往来于南京，无不顺道向李贽请益。

一日，潘士藻、祝世禄来拜访李贽，正好碰上李贽与众人一起论学。一人说："颜子说非礼勿视、非礼勿听、非礼勿言、非礼勿动，即是警醒人们伦理道德的底线……"

李贽反驳道："你这么说，便是非礼之言了。"

众人顿时感到惊愕，谈论者也非常尴尬。李贽说道："人所同者为'礼'，我所独者为'己'。学者多执一己之见而不能同于他人，这就入于非礼了。"

李贽环视在座诸位，见许多人露出迷茫的神色，便说："颜子所说的'四勿'，就是孔夫子所说的'四毋'——毋意、毋必、毋固、毋我，也是孔夫子所说的'四无'——无适、无莫、无可、无不可。发自情性，顺乎自然，由中而出者，谓之礼；必要如此这般，非此不可，这叫由外而入，谓之非礼。……"

"依先生所言，则人人皆会顺其自然，若无忠孝节义，岂可称为知礼？"

"可。"李贽言道，"当下自自然然，人人都是见见成成的圣人，如此读书，才学便多了。世间闻有忠孝节义之人，都是后天做出来，本体原无忠孝节义。"

一番话让听者炸开了锅，议论纷纷。

潘、祝二人把李贽的辩论转述给了耿定理，耿定理蹙起了眉头，很担忧地说："卓吾倡导弃礼从心，只怕在白下待久了，要落入是非窠中。"

天　窝

　　南京一别，李贽对耿定理念念不忘。耿定理读书精细，对朱子敢于大胆怀疑，而他自己从不曾仰望过宗师仲尼，在不盲从、不迷信方面，两人可算是知音。

　　耿定理多次写信相邀，可惜一直未能成行。

　　机会终于来了。南京刑部任满之后，李贽被擢升为云南姚安知府，携妻女乘舟沿长江直上，准备沿途顺道探访耿定理。

　　到了黄安之后，李贽真正地体会到耿氏家族的影响力。耿定向是嘉靖三十五年（1556）进士，耿定力是隆庆五年（1571）进士，兄弟联登高第固然传为美谈，说起来，黄安县的设置还跟耿定向有关。

黄冈、黄陂、麻城三县交界处地方僻远，属于三不管地带，盗贼丛生，百姓生活极其艰难。嘉靖四十二年（1563），在耿定向多次奏请下，割三县之地设立黄安县，此地治安才有所好转。出于对耿定向的敬仰，当地百姓为他建立了生祠，连黄安县长官到任之后都要亲自登门拜访。

李贽听说耿定向的功绩，感佩之情油然而生。

"可惜天台先生不在家里，否则一起谈学论道，岂不美哉！"

耿定理笑道："卓翁与家兄相识日浅，不知家兄性格最是方正严肃。若他在家里，恐怕会感到拘谨呢。"

耿定理陪着李贽四处游玩，邀请黄安名流作陪，日日读书论学，异常相契。李贽在此流连了一个多月，每每兴起辞官隐居之念。可惜过去历任官职都很清贫，家中竟无半分积蓄。若孤身一人倒也容易安顿，拖家带口寄食于人却非长久之计。

"云南虽远，然而窃居父母官，即便不贪不占，各项常例收入也很可观，足可荣亲养老。我姑且就职，待三年任满归来，再到贵府天窝书院与兄日日相对。"

耿定理虽然很想挽留，碍于李贽身为朝廷命官，行止不得随性，便说："此去三四千里舟车劳顿，兄或能忍耐，尊夫人及令爱恐不胜奔波之苦，可暂且留在这里，等兄归来再行团聚。"

李贽深以为然。妻子黄氏却不答应，执意跟随去云南，只留下女儿一家仍旧住在黄安。

万历九年（1581）春，姚安太守的任期已满，李贽的辞呈获得朝廷批准。

他携着黄氏轻松愉快地从滇入川，沿长江顺流东下。途径三峡时，游览了瞿塘、滟滪等风景名胜。一路游山玩水，遍访至交，走了月余才回到湖广行省黄安府。

"卓兄果然不负三年之约，如期归来。"久别重逢，耿定理心里十分欢喜，将李贽夫妇迎进耿府。"前年父亲去世之后，家兄、舍弟皆守丧在家。家兄听说你们要来，高兴得很，已派人在天窝书院旁修筑屋室，专候大驾。"

黄氏见到了女儿女婿，车马劳顿的辛苦顿时一扫而光，却忍不住抱怨："幸好我在他身边，否则还不一定能回来呢。"

　　"怎么回事？"耿定理笑道，"莫非卓兄到了滇中，做了父母官，竟舍不得走了？"

　　"哪里是呢？居官如坐牢狱，我早就想弃去了，若非僚友骆问礼多次规劝，恐难以熬到三年期满。好不容易到了期满，上了辞呈，批文却拖了又拖。我便借机游玩滇中山水，只觉边地风景人物果然与别处不同，自有佳意。"

　　黄氏无奈地说："他这人不管走到哪里，见了好山好水便起隐居之思。我若不跟着去，恐怕他去了就不回来了。"

　　耿定理哈哈大笑："卓兄有方外高人之致呀。"

　　"还别说呢！别人断案坐在府衙里，他倒好了，把书案都搬去寺庙里，说是与民为便。"

　　黄氏忍不住说了些李贽在滇中的轶事，耿定理听了更觉有趣。

　　耿定向在居丧之前已官至福建省巡抚，耿定力也任为台州知府，他们对于官场上的事知道得比耿定理多。

说起李贽在云南为官，耿定向万分佩服。"我听说卓吾兄在姚安府衙门口题了两副对联：'从故乡而来，两地疮痍同满目；当兵事之后，万家疾苦早关心。''听政有余闲，不妨甓运陶斋，花栽潘县；做官无别物，只此一庭明月，两袖清风。'意境不一般呀！"

耿定力也说道："卓翁虽是两袖清风，仍拿出薪俸捐建连厂大桥，方便当地百姓。据说临走之前，巡按刘维和藩臬两司把士绅们写的赠别诗文辑录为《高尚集》，还有人在姚安城里建立生祠，可见士民爱戴之深。朝廷方将委以重任，卓翁却毅然挂冠而归，更令人佩服。"

即日宾主尽欢，宴席之后李贽携家人来到天窝书院。

天窝书院在城东南八里外的五云山下，是耿家购置的一处别业。

耿定向儿子耿克明，耿定理儿子耿汝思、耿汝念，还有其他族中子弟都在这里读书。年轻人爱好热闹，觉得天窝书院过于寂寞无聊，时常偷偷跑回城里去。

李贽到来之后，原本枯燥无味的生活变得富有趣味。他口才极佳，每所讲论往往抽丝剥茧，如拨云见日，令人恍然开悟。初夏方至，日中室内闷热，他领着耿氏子弟到院外大树下，席地而坐，便开始讲学："读书的目的在于明理，如果不能明理，便是读再多的书也没用。世间做学问的路数很多，儒家学说未必是唯一的真理。如果都以孔子的是非为是非，那世间就没有什么真是非。"

耿氏子弟日日背诵"子曰诗云"，写作起承转合的八股文，不堪其苦。李贽从不要求他们做这些功课，只带着他们读经史百家之书，或谈论义理，或讲述轶事，生动有趣。不知不觉，他们被李贽的学识和思想深深吸引，开始认真读书。

耿氏兄弟为孩子们的转变感到很欣慰。尤其是耿定向，膝下只有耿克明一个儿子，自然盼着他早日生儿育女，更希望他能够考取功名，光大门楣。

耿家的门生故旧众多，名流盛会的日子里李贽常被邀请到城里来。虽是门客和塾师的身份，李贽面对高朋满座从无惧色，高谈阔论，口若悬河，不知不觉地成了雅集的中心。他的言论总是语不惊人死不休：

"自有知识以来至于今日，人人皆耕田而求食，买地而求种，架屋而求安，读书而求科第，居官而求显，博求风水以荫子孙。人伦物理，无非就是穿衣吃饭。种种日用，无非是为一己之私。"

"朱夫子论五常以君臣为首，其次父子，其次夫妇，其次兄弟、朋友。依我看，夫妇为人伦之始，有夫妇才有父子兄弟，才有上下之分。夫妇正，则万事无不正，故五常之序当为夫妇、父子、兄弟、师友、君臣。"

"八先生（即耿定理）所讲'未发之中'，亦是阳明先生所讲'良知良能'。人人皆有良知，我亦如此，诸君亦如此。若悟得此'未发之中'，即非圣人，亦同于圣人。"

……

耿定向跟李贽接触多了，慢慢地起了戒心。李贽不敬孔子，质疑人伦，言谈中时常夹杂佛家话语，令他感到非常担忧。他有意无意地问耿定理：

李贽面对高朋满座高谈阔论，口若悬河，成了雅集的中心。

"李贽来了这么些日子，从来不带孩子们学习和践行《弟子职》中的教诲，只跟他们谈佛论道，作为孩子们的老师合适吗？"

耿定理性情跳脱豪爽，爱读佛氏、老氏二家之书。他知道兄长以纲常道德为人伦之至，与李贽相处久了难免会有矛盾，因此不得不居中调停："卓翁博览群书，学识渊博，并非一般碌碌之辈可比。他的思想固然有些偏激，品行却毫无问题。孩子们跟过多位先生，从不认真学习，卓翁来了以后他们都喜欢读书了，难道不值得庆幸吗？"

耿定向听了耿定理的话，虽然不再反对，心中却不能全无芥蒂。不久居丧期满，只好带着深深的忧虑到外地任职了。

李贽住在天窝书院旁的精舍。这里地方僻远，环境清幽，是一处适合隐居的世外桃源。

他平日教耿氏子弟读书，闲暇时在书院藏书室中泛观博览。耿定理时时过来小住，两人一起品茗鼓琴，促膝论道，日子过得极为惬意。

一日，吴少虞带着耿定向的手书前来拜访。

李贽在南京初识耿定理时，吴少虞正跟着同游，彼此已相识多年。吴少虞处事规行矩步，并无特出之才学。李贽与他气味并不相投，私下里常称其为"吴大头巾"。

此番前来，吴少虞的口气颇不友善："卓翁是泉州人，听闻祖上亦做海上生意，不知可认识林道乾？"

林道乾是福建潮州一带的海上巨盗，多次聚众造船与官兵对抗，在国内南澳、台湾岛以及柬埔寨、暹罗等地皆有据点，万历四年（1576）因内乱被杀。

李贽回道："道乾为巨盗，李某乃清官，不知吴兄是赞我骂我？"

吴少虞说道："卓翁家学渊源，见多识广，想必不会和强盗为伍。只是读书人应当履行人伦纲纪，信这个教，信那个教，却要不得。"

李贽先祖信仰回教，吴少虞一席话让他怒形于色，拍案而起。

"我所读书无非圣人之书，所信仰无非孔子之教，难道吴兄认为我还信仰了什么教？"

"卓翁若非信佛，又怎么喋喋不休地讲佛理？克明如今不娶妻，不入仕，八先生也沉迷禅学，岂非受你误导？"

"吴兄此话我就不懂了。克明有志于学，不蝇营狗苟于功名利禄，岂非幸事？八先生认识我之前，早已与何心隐、邓豁渠互相来往，何、邓皆习禅，莫非也要归咎于我？何况他目空四海，岂肯跟人脚跟走？只有他教导我，我又何曾教他什么！"

吴少虞在辩才方面不是李贽的对手，被驳得哑口无言，放下耿定向的书信无趣地走了。

李贽打开书信，信中谆谆叮嘱道："兄切莫空谈义理，需以儒家纲常教导子弟。若能如此，便不教人举子业，也不至于误人一生。"

原来这是耿定向的意思。愤悱之气不得不发，李贽立刻写了一封信去回驳。

耿定理得知兄长来信责难，不免要宽解一番："学问之道，言人人殊，最忌自以为是，又忌不自以为是。可又有几个人能做到不以己为是，不以彼为非？家兄宦游各地，与卓翁相处日浅，故多有误解，且不管他。"

李贽深感耿定理的诚意，又想着不必与耿定向日夜相对，遂将此事搁起。

万历十二年（1584）七月二十三日，耿定理突然因病去世。

李贽陷入了深深的悲伤之中。在天窝书院生活了三年，他与耿定理早已成为彼此理解至深的知交好友。他提起笔写了一组悼诗：

> 我是君之友，君是我之师。我年长于君，视君是先知。君言"吾少也"，如梦亦如痴。……时来一鼓琴，与君共晨夕。已矣莫我知，虽生亦何益！

庭前琴桌上静静地摆放着一床古琴，这是耿定理的遗物。旧物依然，斯人已逝，李贽坐在琴凳上，仿佛感觉到好友就在身边。

"《广陵散》已成绝响，我为你奏一曲《高山流水》吧。"

清脆的琴声响起，如泣如诉，如怨如慕。

耿定向回来料理二弟丧事，见了李贽，态度甚为冷淡。耿定理的丧事终于办完，李贽不得不考虑去留的问题了。他与耿定向的分歧日益明显，从几次通信往来可以看出，耿定向对他怀有防范和排斥之心。

"难道要另觅去处？"他心里有些犹豫，拖家带口并非易事。

李贽和黄氏商量："耿老道虽然没有明着赶我，但话里话外透着不信任，继续住在这里已经没太大意思。麻城周友山兄弟多次邀我过去讲学，不如我们移居那里吧。"

黄氏毫不介意耿家的态度，听说要离开只感到欣喜。"与其在外漂泊，不如回泉州老家去。毕竟泉州还有许多亲戚朋友，可以互相照顾。"

李贽深知泉州老家是熟人社会，一入世情之中便惹得是非缠身，而自己从来就不是擅长交往的人。

"我未及而立弟妹七人已婚嫁完毕，就禄之后先后遭遇父、祖之丧，虽然极尽辛苦，仍努力营葬先人。家族诸事，责任已完。从今而后，唯愿做个流寓客子，自由自在，无人管束，此心安处是吾家，希望你能理解。"

"我又怎么能理解呢？"黄氏流泪说道，"我是一个妇人，也知道狐死首丘、落叶归根的道理。黄安到云南路途遥远，我不顾一路颠簸非要跟你去，就是怕你去了不回来。果然你在滇中见山水极佳，便想卜地隐居，丝毫不以儿女为念。后来拗不过我，才又回来。本以为寻了女儿女婿之后就可以一起回泉州，你却仍要留住于此。我想至亲已在身边，不敢奢求太多，便依随了你。如今若要离开，我只想回泉州去。"

李贽仍想说服她："我平生不爱属人管，可恨出世即属人管。入官为官管，弃官归家为本府本县公祖父母管，至死入木埋土也要人管。泉州人情复杂，迎来送往，纠缠不休，一毫不慎便得罪他人，招惹祸端。人生至苦，莫过于此。因此宁愿漂流四处，也不回去。见佳山水，有良师友，终日相对，即为至快，何必故乡？"

"你的至快，却非我的至快。你只要我理解你，可你何曾理解过我？不但是我，女儿女婿也想回去，你为什么不替我们着想？"黄氏很清楚她和丈夫之间的分歧，她记挂的是故乡的亲人，丈夫却只渴求志同道合的朋友。

李贽听了妻子的话，深以为然。"你说的也不错，人各有志，不能互相勉强。就让纯夫护送你们回去，我的俸禄一并都给你们。有了这些钱，在老家也能体面生活。"

"你单身在外，又无收入，如何生活？"黄氏听说要分开，伤心不已。可是她年齿渐老，继续过寄人篱下的生活更不能忍受。

李贽宽慰她："不需要担心，我在麻城已有去处。"

黄氏默默地收拾行李，打扫干净居室，关好门窗。

女婿庄纯夫赶着马车慢慢地走，一路上洒下吱呀吱呀的声音，在黄安城外长亭前面停下。

斜阳拉出几个长长的人影，看起来无比萧瑟凄凉。女儿李氏眼中含着泪水，万分难过地说："父亲，就送到这里，您请回吧。"

庄纯夫一手握住妻子的手，一手牵着孩子，对李贽说:"岳父请放心,我会照顾好家里的,泉州老家也有许多亲戚互相照应。倒是您单身在外,要多加保重。"

"纯夫,一切就劳烦你了。"李贽心里极其难过,却不知道应该说什么。

马车车厢低垂的门帘纹丝不动,妻子黄氏竟不下来见他。

李贽叹了一口气,欲言又止:"你娘……"

庄纯夫说道:"我们会好好侍奉岳母的。"

他把孩子们抱上马车,又扶着妻子上去,最后自己才坐上去。都准备好了,马车仍迟迟不动。

"走吧,走吧。"李贽朝他们挥挥手。

马车慢慢走起来,路上扬起些许尘埃,车厢里发出一阵低声啜泣。

看着渐去渐远的马车消失在道路尽头,李贽转身往回走,不觉眼眶里有些湿润。

回到云台山下的天窝书院,耿汝念在此等候已久。

"先生已经决定离开这里了吗?我父亲虽然去世,但这些产业也有他的份额,您尽管居住就是。"

李贽摇头说道："汝念，我本是因你父亲而来，你父亲走了，我也要离开了。麻城那边已有安顿之所，过了今夜，我就将剩下的东西全部搬过去。"

耿汝念知道他去意已决，已经无法挽留，只好向他深深地行了一个礼。

这是在天窝书院的最后一夜了。李贽环视室中四壁萧然，不觉心情怅怅。天色已晚，他打开抽屉想找一根蜡烛。抽屉里什么也没有，便推了回去，感觉有声响从底下发出，原来还有个夹层，放着若干杂物和一叠纸稿。

李贽把稿子取出来，只见卷端写着"南询录，豁渠灯下撰并叙"字样。是邓豁渠的手稿！他顿时忘却离别的伤感，拿起手稿细细地读起来，读完之后又写了一篇序。

序文写完，实在太过劳累，李贽趴倒在桌子上睡着了。

贪　佛

距离麻城县二十里外，连绵不绝的群峰之中有一个大湖，当地人称龙潭湖，又称龙湖。

龙潭湖前望龟峰，后倚玉山。一座小岛伸入湖中，岛上花草茂密，其中有三丈多宽的龟状巨石，堪称奇观。

一条小船晃晃悠悠地向小岛移动，微风吹拂，远远望去恍如仙境。

周思久、周思敬兄弟带着李贽、释无念（俗名熊深有），来到岛上游历。周氏是麻城大族，周思敬（号友山）自幼身体欠佳，喜读老氏、佛氏之书，后因耿定理的介绍投在耿定向门下，又将女儿许配于耿定理之子耿汝思，更是亲上加亲。耿定理去世之后，李贽便应二周之邀，移居麻城。

船上还有一位十余岁的少年贵儿，是李贽的侄子。黄氏回泉州之后，李贽脾病复发，家里得知消息，让四弟携贵儿一起来照顾他，痊愈之后便留下贵儿在此侍奉。

周思久（号柳塘）指着小岛的方向，说道："前年我偶游至此，见这里风景极佳，便购买下来，将岛上略加改造。卓翁如果喜欢，就在这里住下，如何？"

李贽放声吟道："'沧浪之水清兮，可以濯吾缨。沧浪之水浊兮，可以濯吾足。'我最爱清静，每遇佳山水便想卜筑隐居，可惜六十多年仍未能如愿。于今得之，堪慰平生。"

小船停靠在岸边，周思久引着三人弃舟登岛，穿过林中小道，来到一处种满翠竹的林子，竹林空旷处有木屋，写着"环竹篷"。环竹篷右边有小径通往衡门，走出去就是沙滩，沙滩前有小屋子题曰"渔岬"。沿着沙滩往西有一个"搴云洞"，诸人走入洞里，只见一条石径盘旋向上，石径尽头立着几棵松树，东边是绝壁，崖上有一处亭子写着"松坞"二字。

周思久说道："此处名为'小赤壁'，可以看到水潭全貌。"

诸人沿着小赤壁向西走，经过松丘，到达岭下平旷处。这里有一座院子，大门口写着"耦耕谷"，周思敬有意让李贽在此居住。

李贽看匾额上的落款"楚侗"二字，便说道："此处佳则佳矣，却不适合我居住。我本非农人，不事农作，却住在这耦耕谷中，实在有愧。"

周思久说道："这本是我打算致仕后隐居的处所，如果卓翁不喜欢这个名字，尽管改了就是。"

释无念笑道："何必这么麻烦？卓翁如果不嫌弃，和我一起住在芝佛院里就好。芝佛院是柳塘兄命我建造的，就在隔壁。"

"芝佛院？名字却有趣。"

"只因建院时从地底下掘出三枚灵芝，形似佛陀，故命此名。"

李贽笑道："我就跟深公一起住在芝佛院吧。"

芝佛院在耦耕谷旁边，直接沿着石径往前走便是。寺院规模小巧，只有两进，前殿供奉佛陀、阿难和迦叶，后殿供奉观音菩萨。观音殿背后有小楼名为聚佛楼，乃是藏经读书的地方。

芝佛院中除了无念之外，还有几个小沙弥负责礼佛念经、做饭打扫诸种杂活。无念命他们将两间堆放杂物的禅房收拾出来，作为李贽的起居室和读书室。李贽对无念说："深公，我平生有三嗜：一读书，二扫地，三湔浴。此间一切无需劳烦他人，我自打扫即可。"

无念知道李贽有洁癖，不以为怪，听任他自己去打理。

李贽把起居室和读书室打扫干净，重新布置了桌椅，然后取出一卷孔子画像挂在墙上。

无念不解地问："卓翁平日常常非议孔子，却在这深山佛寺里挂孔子像，有何深意呢？"

李贽呵呵笑道："人们都把孔子当成圣人，我也认为是圣人；人们都把老子、佛陀当成异端，我也认为是异端。但是，人们都是从小听父辈师长这么讲，所以跟着这么讲。他们的父辈师长也是听先儒这么讲，所以跟着这么讲。先儒也是听来的，都是人云亦云，哪里知道何为圣人，何为异端。"

无念仍然不能理解："您是看得通透的，为什么还要像他们一样呢？"

李贽自嘲道："我又怎敢以明眼人自居？人们把孔子当成圣人，天下书院都要挂上他的画像，我只好随大流啊。"

无念恍然大悟："这就是您的障眼法吧？"

"不。"李贽嘲笑完自己，又严肃地说，"儒释道三家，历经千百年此消彼长，互不相让，却仍能鼎足而立，难道不值得反思吗？其实三家最初的宗旨都是一样的，目的在于求道。儒家说'朝闻道，夕死可矣'，为了追求道，视富贵如浮云。道家更进一层，视富贵如粪秽、枷锁，既臭且累。佛家又更进一层，视富贵如虎豹之进陷阱，鱼鸟之入罗网，活人之赴汤火。这就是他们的不同。"

"真正的儒者期于闻道，有的儒士虽号称学道，背地里却干着钻营富贵的勾当，耿老道就是一例。"李贽似乎有事情在心头积压很久，不吐不快。

"楚侗先生是位大儒，何至于此？"

"我曾经视耿老道如师如友，甚至想要弃官追随，可他的行为真让我失望。当年内阁首辅张居正的父亲去世，依照礼制要离职守丧，可张居正又不甘心离开职位，便指使人奏请夺情视事。卫道者自然不能答应，组织了一拨人到朝廷上撼门恸哭，想要阻止此事。最后或被杖死，或被贬官。耿老道的好友何心隐就是其中之一。而耿老道却与张居正勾结，上书力主夺情。何心隐在湖北为王之垣所困，他也毫无片言相救，实在令人齿寒。"

无念久居深山不闻世事，听了李贽的话，才明白他与耿定向之间为何有这么深的分歧。

李贽叹道："张居正贪恋权位，却非奸恶之徒，何况乐声色、爱富贵、贪生畏死，乃人之常情。反对夺情的人中未必没有居心叵测的，他们只会躲在背后操纵礼法，让别人去当出头鸟。活的人活得蝇营狗苟，死的人死得可悲可怜。"

说到何心隐，李贽眼角有些湿润。这是李贽非常尊重的一位学者，曾参与扳倒奸相严嵩，又敢于反对权臣张居正，难怪有人说何心隐掀翻天地，前不见古人，后不见来者。可就是这样一位正直勇敢的学者，竟在武昌死于乱棒之下。

"有杀身以成仁，无求生以害仁。孰为真儒士，孰为假道学，难道还分不出来吗？我所痛恶的，只是世间的虚假乱象罢了。"

无念唯唯而退。李贽犹然沉浸在对何心隐的哀悼中，他决定写一些文章来揭发假道学的面目。山间僻远，没有闲杂人等打扰，正好专心著述。

酷暑炎炎，龙潭水清澈如碧，冰凉透骨。

一天中午，李贽手里拿着《楞严经》边阅读边圈点，以此消暑。忽然院里的小沙弥慌张地跑来告诉他："贵儿偷跑去水潭游泳，溺水死了。"

李贽闻言如遭雷击，放下手里的书跑去山下，只见水潭中浮起一个少年的尸体，正是贵儿。

李贽一生中有过四男三女，除了大女儿之外，其他六个都先后夭折了。家里人唯恐他孤身在外无所依靠，把贵儿送来麻城侍奉，有意让贵儿为他养老送终。贵儿乖巧好学，也很得人疼爱，可是暮年这点小小的安慰也被上天褫夺，他陷入深深的自责和痛苦之中。

女婿庄纯夫来了，对李贽说："自从回了泉州，岳母大人常暗自哭泣，想不通您为何宁可一个人在外漂泊也不回去，所以终日郁郁不乐，身体也没有好过。您还是回家乡去吧，彼此有个照应。"

李贽一口拒绝。"我不回去的缘由她心里知晓，若不能理解也是没有办法。此间一切安好，院里尽有小沙弥侍奉，以后再不必牵挂，也不必派人来了。"

庄纯夫又苦苦哀求。李贽为了断其念想，走到院中小沙弥处，叫他们拿了剪子和剃刀帮自己把头发剃掉了。

庄纯夫见李贽落发，心中大骇，眼泪不觉流了下来。他知道无法劝动岳父，又心里牵挂家中一切，便匆匆拜别而去。

李贽把贵儿的骸骨收拾妥当，请院里僧人念经超度，交给庄纯夫带回泉州安葬。

山中无甲子，寒尽不知年。转眼间，一年过去了。在大自然的生命轮回中，李贽逐渐平息了心中的伤痛，开始专心著书。

暑气逼人的六月，庄纯夫又来了。他风尘仆

李贽叫小沙弥拿了剪子和剃刀帮自己把头发剃掉了。

仆，神色憔悴地跪在李贽面前，诉道："入暑以来，岳母大人病情日益加重，大夫说已经病入膏肓，药石不治。岳母大人日日垂泪，只愿在死前再见到您，请您随我回去吧。"

李贽再次见到庄纯夫，心中已有不祥之感，果然是来传黄氏病危的消息。毕竟是多年患难夫妻，他心里对黄氏是挂念的。但想到回去之后族中琐事繁多，从此脱不开身，比死还要难受，便不敢答应。

"当日我移居麻城，她决意要回泉州，只能就此分道。我久居寺庙，虽不斋戒念经，其实和僧侣并无差别，俗世尘缘已不想沾染，泉州那边的事务你们自己去处理就好了。"

李贽写了一幅字叠好了，又取出些银子交给庄纯夫。"带回去吧，这是我最后的责任。"

庄纯夫打开一看，只见上面写着"明诰封宜人李卓吾妻黄氏墓，卓吾老子书"。楷书苍劲有力，仿佛在预示着什么，他只觉得心如刀割。

李贽又仔细叮咛："回去可造生基祈福，如得好风水亦能延年益寿。万一有什么不测，耿定力正在福建担任学政，我们曾寓居在黄安耿家，你去请他写一篇墓表，他必不会推辞。"

送走了庄纯夫，李贽独自坐在湖边，看着平静如镜的湖面，心里十分难过。

"但愿人长久，人能长久否？花开花落，缘起缘灭。天道循环，才是永无终止。"他摸摸自己的光头，喃喃自语，"从此，就做个和尚吧。"

深黑的夜里，李贽做了个梦。梦中黄氏来到芝佛院，温柔地看着他，叹道："你不回来就不回来了，何必这样苦待自己。过去我常勉强你做你不喜欢的事情，现在我懂了。愿你一切安好，就此别过吧……"李贽伸出手去想拉住她，却抓了个空。

他从梦中惊醒过来，心中凄然，起身走到院里。山中万籁俱寂，满天星斗，如同眼睛注视着人间一切。

"慈心能割有，约己善持家。缘余贪佛去，别汝在天涯。往后余生梦中相见吧。"

一行清泪，滴落在清澈的龙潭中。

李贽虽然落了发，依旧不改饮酒吃荤的习惯。

因为非僧非儒，走到哪里都引人瞩目。

前来芝佛院拜访观瞻的人越来越多。读书人喜欢他只论义理，市井小民佩服他直率而为。为了听李贽讲法，有的人将铺盖搬到山里露天住宿。无念唯恐山林中野兽出没，伤害性命，不得不让他们住到芝佛院里。芝佛院的禅房不够用，信众便自发捐资在山后增盖房屋。

李贽的洁癖越来越严重了。每天不停地打扫庭院，又喜欢洗脸洗手，常放一个水壶在门口，从外面回来必先清洗干净才走进房间。朋友戏称他为"水淫"，他也欣然受之。每天几个小沙弥给李贽扎扫帚、打热水都有点来不及。

周氏兄弟邀请他到邓东里百可园中聚会，座中尽是一时名士。

黄梅人汪可受二十二岁就高中进士，如今三十一岁，正是前途无量、意气风发的时候。他久闻李贽大名，见李贽一举手便就席，笑道："现在的士人大多行为任放，先生既然在这里广施教化，何不倡导戒律呢？"

李贽冷冷一笑。"汪兄也太看得起现在的士人了，'放'这个字，恐怕他们都承当不起。"他双手作箍状，又说道："总跳不出。"

汪可受见李贽果然很狂，驳道："先生去发存须，也是剥落不尽。"

李贽呵呵笑道："我哪里是有意剥落，只因天气太热，常觉得头发中有蒸蒸臭味，偶见侍者剃发，便试着将其剃掉，果然非常爽快，所以就不留头发了。"他又用手拂须，说道："至于这个东西却不碍事，因此还留着。"

座中名士为之绝倒，汪可受直呼痛快。周思久却很为他担忧。"头发肌肤，受之父母，卓翁此举恐又要落人口实。"

李贽不以为意，笑道："我前已弃官，又复弃家，今并头发也削去，才见干净。从今而后，我便于儒家中奉佛，佛家中奉儒。所践行者，即三教归一之旨。"

一个四十多岁的男子走上前来双掌合十向李贽行礼："在下麻城梅国桢，久闻卓翁大名，只因宦游在外，无缘拜见，近日回乡省亲，有幸聆听教诲。"

李贽见他衣着简朴却又气度高华，便回了个礼。

周思久说道："这位梅兄是万历十一年（1583）进士，如今在朝廷担任御史。梅兄家是麻城大族，信仰佛教尤为虔诚，麻城北街有一座绣佛精舍，便是他家的私人佛堂。"

李贽移居麻城以来，四方士人慕名寻访者络绎不绝。他知道大多数人不过是想寻些话头，作为茶余饭后的谈资，因此并不理会。梅氏真心信佛，又与周氏为世交，自然另眼相看。

寒暄过后，梅国桢说明来意，想要李贽收其女澹然为徒。

"澹然少时曾与人定亲，夫亡无子，孀居在家，和族中女眷一同在佛堂中修行。她自幼读书，悟性极高，聪明不下男子，常自恨不能像男子做一番事业，又且命途偃蹇，郁郁寡欢，故寄托于佛家。愿得拜卓翁为师，研究佛理，解脱于苦海。"

李贽叹道："世人皆谓佛老为异端，梅家独不以为异端，梅家之女眷独不以为异端，真是难得！"

梅国桢说道："世人皆以女人见短，不堪学道，卓翁以为然否？"

李贽正色道："人有男女之分，见识高低也有男女之分吗？男子唯恐女子胜于自己，便发明了在家从父、出嫁从夫、夫死从子的纲常，又说女子无才便是德，依我看，都是那等面目可鄙的男子才这样说。也有一些女子，灵性未必不及男子，只因被世间这些混账话所误，便自居末流，可悲可叹。"

梅国桢露出佩服的神色，抚掌叹道："今日听卓翁谈论，果然是英雄见识，往后还请不吝指教。只是小女孀居，不比平常老妇人出入方便，如果亲来朝拜，恐于双方名节有损，卓翁可有良策？"

李贽听梅国桢的话，不禁怫然说道："梅兄有名节之说，可见仍未跳脱。寡妇岂无人性，何必以守节为高？汉代的卓文君、唐代的红拂女，不畏人言，与司马相如、李靖私奔，可谓女中豪杰，若为名节所缚，岂非白白断送一生幸福！何况佛理精深，岂是为了守名节而设？"

梅国桢挨了李贽的训斥，心中却越发佩服，赶紧施礼赔罪："小女研习佛理，并非为着守节，确是有所悟入。"

李贽见他不是惺惺作态之人，不便再加苛责：

"俗世中皆以为男女授受不亲，你若担心拜师于名节有妨，倒也不难解决。只需三日后卯正三刻，澹然居士在家中摆香案，叩首礼拜；我在院里遥相应答。礼成之后，有何疑难，但修书来问即可。"

梅国桢满心欢喜，叩谢而去。

梅氏女眷拜李贽为师、书信往来不绝的消息很快传遍了麻城。

许多斋居念佛的女性想效法而不得其便，每回听说李贽开坛讲法，无不欣然前往，引得麻城士绅为之侧目，恨不得将李贽绳之以法。

毁誉之声不绝于耳，李贽却恍若未闻，全身心投入在讲学和著述上。

万历十七年（1589），龙潭湖的春天来得格外迟些。到了三月底，湖中的冰才化完。山上桃花盛开，一片绯红。李贽躺在床上看书，窗外绿树掩映，耳边鸟鸣啾啾，不觉一阵快意，信口吟道：

十万楞严万古心，春风是处有知音。

即看湖上花开日，人自纵横水自深。

他吟完诗句，觉得今日所道与往日又有不同，自有理趣，便写在纸上。

墨迹未干，无念拿了一封信来找他，乃是麻城县令邓应祈的拜帖。

无念自从跟李贽同住，对于州县官员名士来访早已见惯不怪，但父母官刚一到任便送帖相邀却是头一回。

"这是故人之子。"李贽说，"平常官吏相召还能推掉，但他的父亲邓石阳于我有恩，不能不见。"

趁着墨水未干，他写了一封回帖，约定拜会时间。文章援笔立就，到落款处他却犹豫了。

"按照惯例，我是长辈，又是前任太守，当自称'侍生'，但既已弃去，便不能过于尊己。如今他是父母官，我寓居于此，若称'治生'又为其束缚，不如就称'流寓客子'吧。"

他在回帖上写下落款。

无念不解地问道："卓翁自称客子便罢了，何必加上'流寓'二字？"

李贽答道："外乡人寄居于此，若是长住，也属他管；此谓'流寓'，即随时可走，他想要管，也管不着我。"

邓应祈在河南辉县初识李贽的时候还是一个十余岁的少年，一别二十余载，如今已高中进士，出任一县长官。他对李贽仍旧执子侄礼，见面即让座看茶，叩首请安。看到李贽落发为僧，居无定所，不禁为之落泪，说道："我的母亲也在此间，只是不便跟大人见面。她听说您落了发，难过得几天几夜吃不下饭，命我千万要劝说您蓄发还俗，说若能劝您还俗，便是孝顺于她，否则当不得一个孝字。"

"多谢令堂的美意。"李贽虽然心中感激，却不愿意改变自己。"俗世中自有无尽烦恼，如今才得安宁，正好读书。我既不斋戒，也不念佛，剃发留发只为方便，无须执着。"

论　战

　　耿定向虽然四处游宦，对家乡事却了如指掌。李贽离开天窝书院之后，他以为终于可以高枕无忧，不多久便知道自己错了。

　　门人信中说道："李贽已经削发为僧，却仍然出入于酒楼妓院。麻城人奉其为说法教主，死心追随者无数，声势几欲与耿门分庭抗礼。"

　　"这不是另一个邓豁渠吗？"耿定向心头堵得难受。耿定理曾招引邓豁渠到天窝书院，后来也是自己想尽办法才将他赶走。李贽的思想言谈跟邓豁渠何等相似，据说他在天窝书院得到邓豁渠的遗稿《南询录》，还打算整理刊行。"若是走儒家正道，便是分走我所有学生也无所谓，可惜走的是非圣无法的异端之路。伪学邪说，谬种流传啊！"

耿定向寝食难安，又感到悲愤和不解：过去听了许多李贽为官的传闻，当他从云南弃官归来，自己还以为他是个有情怀的儒者，盛赞其为清官楷模，谁知他竟是离经叛道的异类？同样都是读圣贤书长大，为何他会走上这样的道路呢？

"不，我不能看着他像邓豁渠一样。"耿定向决定好好地和李贽沟通，把他从悬崖边上拉回来。

他写了一封言语恳切的书信，说道："读书人应当明明白白走着孔孟道路，关注最基本的人伦道德，践行三纲五常、仁义礼智信，摒却邪见罔谈。"

书信寄出之后感觉意犹未尽，又写了一封信专门批评邓豁渠不守礼法，泯灭人伦，上不敬父祖，下不爱子女，劝李贽不要学他。耿定向知道门人邓石阳过去于李贽有恩，又驰书请他规劝，只恨不得把心肝肺都掏出来，好让李贽看个明白。

李贽的回信终于来了。信中说："您自有过人之处，博学多识，德行高尚，我非常尊重您，但却不必非学您不可。您若能认识到这一点，那真是太好了！"

又说："邓豁渠从来不以天下人的是非为自己的是非，如果他以天下人的是非为自己的是非，行事就不会这样。他尊重您，以为您是钟子期，您却一味地辩说他的是非，真不配称为他的知己。"

耿定向读着手中的信笺，气得直骂："朽木不可雕也，粪土之墙不可圬也！"

麻城离黄安那么近，无知小民一旦见惯伤风败俗的事，将来就难以教化了。可这个软硬不吃的李贽，应该怎么对付他？耿定向心里没了主意。

芝佛院里青灯古佛，一室萧然。

秋天的夜里已经有丝丝寒意，李贽披着单薄僧衣坐在案前奋笔疾书。手边放着一壶老酒，一只酒杯。他在纸笺上写道："老天让一个人出生，这个人就自然有他的用处，并不需要等到孔子来开导之后才有用处。如果世间之人都要等孔子开导以后才算'成人'，那么在孔子降生前的远古时期，难道那时的人就不算是人吗？为什么孔子的学说就是真理，别人的学说就是异端呢？"

这是他写给耿定向的另一封信。就像耿定向从不放弃感化他的希望一样，他也要用犀利的笔锋去戳破耿定向心里的执念。他们像是针尖对麦芒，书信往来不绝，乐此不疲。

耿定向在士林中一呼百应，某种意义上象征着传统的力量。这场论战对李贽来说极有挑战性，同时也令他思考得更加深入。他感觉到自己过去零乱甚至有些不能自圆其说的思想片段，正在慢慢地缀合成一个整体。

李贽写完这段话，又朗声诵读一遍，感到异常满意，哈哈大笑道："快哉！刘谐兄，这段话多亏了你的启发。你跟我虽素未谋面，却如此深契我心，我要敬你一杯！"

他站起身，斟满酒杯，举杯向着空中作敬酒状，然后仰头喝完。

刘谐是隆庆年间的进士，曾经在江西余干县做知县，时常跟同僚说些利口调笑的话头。有一次，一位穿着高底大履、峨冠博带的道学先生对他说："教化百姓，当以人伦为衣，以纲常为帽。"刘谐嘲笑他说："看你的模样就知道你并不了解我仲尼老兄。"道学先生一听，气红了脸，说："天不降

李贽站起身，斟满酒杯，举杯向着空中作敬酒状，然后仰头喝完。

生仲尼，万古以来就如长夜般黑暗。你算什么东西，竟敢跟圣人称兄道弟？"刘谐哈哈笑道："我明白了，难怪伏羲氏的时候人们白天都要点着油纸捻呢！"道学先生一脸懵然。

身边的人将这个笑话传出去，越传越远。李贽听到以后拍手赞道："说得好！说得好！言简意赅，一针见血。"

千百年来人们都信奉儒家礼教，不敢越雷池一步。李贽在商贸发达的泉州早就见识过三教九流的不同人生，相比奉儒守官的世家子弟更具有包容的胸怀。甚至在他心里，儒学已经某种意义上僵化成为谋取功名的津筏，看到那么多取得功名就再也不读书的人，他不能不怀疑这些拥趸者的目的。

"耿老道以此为正道，以百家之说为异端，真是荒谬！"他已经六十四岁了，身体日趋老朽，而人世间还有多少是非没有辨明，再不做事就来不及了。

李贽决定把过去几年所写的文章，特别是那些跟耿定向论战的书信都汇集在一起，让书坊刊刻流传。这些惊世骇俗的文章一旦流传开来，道学家恐怕要恨得咬牙切齿，大骂"其人可杀，其书可焚"吧！

他冷冷地哼了一声，瞬间想好了书名，决定就叫作"焚书"。

黄安耿府门庭若市，门生故旧聚于一堂，人人脸上露出愤恨之色。

新近出版的《焚书》在士林中受到热捧，看到那些对老师耿定向的嘲笑和责难，他们决意要讨回公道。

耿定向像往常一样，熏香沐浴之后来到前厅，带着诸生朝拜孔子像，然后坐到椅子上，接受诸生行礼参拜。他神情肃穆，衣着穿戴一丝不苟，脸色却是异常惨白。

他取出一摞书信，这些都是过去几年他和李贽的论战文字，尽管李贽在信中不断攻击他，他仍怀着教化天下的儒者情怀，尽力去感动和改变李贽。圣人有教无类，他向来极有耐心，决不会轻易放弃。

耿门弟子从前也知道老师和李贽关系不睦，对李贽敬而远之，却未曾以仇敌视之。如今，这个顽固不化的李贽竟然把写给老师的书信编成《焚书》刊刻出版了。这下书信化身千百，人人都能读到他对老师的攻击，便不能坐视不理了。

耿定向轻轻打开一封信笺，朗声读道："你的责任是教大家按照十五岁以前读过的《弟子职》去做，我的使命是为十五岁以后的人讲解《大学》，使他们能自觉意识到善良本心的道理。你的责任是抓住表面细碎的东西，我的使命是从根本上去启发别人。你的责任像三家村的私塾先生，用力多而收效微；我的使命像凛冽的霜雪，等到有合适的对象就会发挥巨大威力，又像军事上擒贼先擒王的攻略，所以往往能够事半功倍。"

他又打开一封信笺，朗声读道："我和你一样，也好做官，也好富贵，也有妻女，也有房屋，也有朋友，也会宾客。为什么唯独你有那么多使命要完成？到处讲我绝弃人伦、离开家室、削掉头发、穿上僧衣的事？我没有什么跟你不一样的，如果说有什么不一样，那就是你的官比我做得大！但官大学问就大吗？如果官大学问大，你崇拜的偶像孔子孟子还敢开口吗？"

他接着又打开一封信笺，朗声读道："就您现在的表现而言，根本就不配作为我的知音！我不想跟您计较表面上的细枝末节，而追求和您精神上的相通，您却揪着这些细枝末节，喋喋不休，斤斤计较，以为这样能增加互相之间的了解，真是大错特错！"

一众门人看到老师还要继续读下去，全都跪在地上，请求道："老师，请您不要读了，这种狂悖之言，我们不忍再听下去。"

"李贽宣传异端邪说，我们要去州府告他。州府如果不处理，就告到朝廷去。"

这时，几个弟子抬着几大筐书进来，他们把邻近州县书肆上出售的《焚书》全都买回来了。一册册的《焚书》静静躺在筐子里，洁白如玉的纸上犹然飘着阵阵墨香。耿门弟子却目眦尽裂，抓起书册撕成碎片，边撕边骂，像一群市井斗殴之徒，何曾有一点点的儒者气度。

一些平时与李贽往来较为密切的耿氏门人更是充满愤怒和愧疚。在他们心里，耿定向从来都是温润如玉的谦谦君子，践行夫妻有别、父子有亲、君臣有义、朋友有信的人伦道德。他对学生总是和颜悦色，谆谆教诲。门生故旧谁不对他诚心敬服，黄安城里谁不称颂他的醇儒风范？李贽却毫不留情地指责这样的师长，真是太过分了。他们心里默默起了念头，从此以后要跟这个无情无义的人断绝来往。

庭院里的碎纸像一只只破茧而出的蝴蝶向那广阔的天地翩翩飞去，耿定向心里很清楚这些文章的力量何等恐怖，这下不得不全力抵挡了。

"李贽一生四处奔波，应吾弟耿定理之邀寓居在黄安，可惜定理不能助长其善，消除其恶，致使乡里之人被他迷惑，恶声盈耳，流毒百世。我屡次规劝，他不仅不听，还趁我致仕之际，造书毁谤，企图坏我名声。是可忍，孰不可忍！现在我要正式向他下战书。"

他旋即写了一篇《求儆书》，由门人蔡毅中刊行，在亲友门人中传发。不日之间，黄安的大街小巷充满了骂声。

"耿先生是真正的大儒，李贽竟敢羞辱于他，决不能忍！"

"想当初，李贽贫困潦倒，装成实诚人投靠在耿门之下，耿先生容许他在家住了三年。不想今日却恩将仇报，简直就是毫无廉耻的白眼狼。"

"李贽的妻子跟他吃了大半辈子苦，这才刚有好日子过，就把她们都赶回老家了，真是个无情之人！"

……

士人掀起了声讨李贽的浪潮，很快风声传到黄安郡守那里。郡守深知耿定向在黄安的地位，担心耿氏将事情捅到朝廷去，后果将不堪设想，于是下令搜捕李贽。

童　心

袁宏道携着新书《金屑编》来到龙湖芝佛院拜访李贽，想求他赐序。

袁宏道在"公安三袁"中排行第二，人称中郎。虽然只有二十四岁，却早已蜚声文坛。他的兄长袁宗道已经高中进士，选为庶吉士，授翰林编修；弟弟袁中道人称"小修"，为人豪迈不群，兴趣广泛，好读老庄、佛氏之书。

袁宏道和李贽相识很偶然。万历十八年（1590）春天，袁氏兄弟在郢中游历，听说有一个和尚常提着篮子在市井中闲游，说一些颠狂怪异的话。后来在乡野村落中无意遇到，才知道是李贽。交谈之下，袁氏兄弟对李贽的学问非常佩服，可惜当时有事，不得不匆匆离开，后来再去找就找不到了。

别来不到一年，袁宏道读罢李贽的《焚书》，深觉此人非同凡响，故此特来寻访。

袁宏道寄住在芝佛院，跟着李贽日夜读书，谈诗论文，不知不觉过了三个月。到了不得不走的时候，他对李贽说："听闻外间风声甚紧，不如随我离开麻城，暂到外地同游。"

李贽心里不舍得这位少年才俊，欣然答应，带了几个侍者和袁宏道一起乘船到达武昌，寄住在城外洪山寺中。

初到武昌，李贽兴致很高，打算把城里景点好好游玩一番。

"'晴川历历汉阳树，芳草萋萋鹦鹉洲。'晴川得去看看。"

袁宏道建议道："晴川在长江北岸，黄鹤楼在长江南岸，站在黄鹤楼上可以看到江北景色。我们先登黄鹤楼远眺，再到晴川和鹦鹉洲近观，如何？"

李贽深以为然。

黄鹤楼与长沙岳阳楼、南昌滕王阁号称江南三大名楼，其实从唐宋以来多次重修，屡废屡建，历代形制皆不相同。明代的黄鹤楼高三层，顶上有两个小歇山，楼前有小方厅，入口的两侧粉墙环绕，很有园林的秀气。

李贽登上顶层，只见秋江萧瑟，舟旅点点，对岸山影隐约与天际连为一体。极目四望，心旷神怡，不禁吟道：

枫霜芦雪净江烟，锦石流鳞清可怜。
贾客帆樯云里见，仙人楼阁镜中悬。

袁宏道击掌称道："卓翁很少作诗，偶尔作诗，自有神韵！"

"我来住湖北已经十二三年，竟是第一次到黄鹤楼游玩。触景生情，便胡诌了几句。"

"虽是信手拈来，却比日夜苦吟、捻断茎须者高出不知几许。"

"写诗作文只讲求一个'真'字，能写出最初一念之本心，便是好诗文。世人皆说文必秦汉，诗必盛唐；一味模拟，却无佳作，就是失去一个'真'字。"

"卓翁所言极是。"袁宏道赞道，"国朝自弘治、正德以来，有不少文人主张复古，其中以前七子、后七子最有名，彼此标榜，声势赫赫。我读这些仿古之作，只觉得毫无性灵，面目可憎。"

两人高谈古今，兴致盎然。却不知一群人悄然来到身边，高声呼叫："这不是那个左道惑众的和尚吗？从麻城逃到这里来了，快把他赶走啊！"

他们手里拿着棍子，作势要打李贽。袁宏道和侍者赶紧护住李贽，一边大声喝道："你们是什么人，打人是犯法的，不怕被抓吗？"

人群中有人认得袁宏道，大声叫道："是袁中郎，大家注意点，别打到他了。"

袁宏道趁着人群喧哗之际，拉着李贽赶紧跑了。几个人跑得气喘吁吁，衣履不整，异常狼狈。好不容易摆脱了闹事的人，李贽愤怒地说："这群人有备而来，定是耿老道叫人来辱我，他竟然干出这种事来。"

袁宏道说道："不管如何，先摆脱困境再说。

他们既然能跟到这里，必然也会四处打探我们的住所，继续住在洪山寺怕有危险，等我修书给刘东星请求救助。"

回到洪山寺，袁宏道随即写信给湖广左布政使刘东星（号晋川），请侍者送去。果然不多一会，又有人来洪山寺闹事。寺中僧人把他们赶走，关闭了大门，那群人仍在门口逡巡。

李贽叹道："想不到我李老子也有如此落魄的时候。"

袁宏道宽慰他，说道："孔夫子也有陈蔡之厄，这种遭遇又不是什么丢脸的事儿。"

刘东星接到袁宏道的书信，很快带着几个卫兵赶到洪山寺，驱走寺庙门口的人群，把他们迎到府衙暂住。

袁宏道要进京赴考，不能继续陪伴李贽了。

刘东星早就听闻李贽的大名，遂趁此次机会，邀请李贽到武昌府讲学。

李贽的到来在武昌城里掀起了一阵风潮。《焚书》刊行之后，几乎人手一册，读过的人无不各怀感触，有的诚心拜服，有的疾之如仇，不管看法如何，人们都想一睹这位大名士的风采。

武昌府学教授潘广文很感苦恼。他很清楚耿定向和李贽之间的恩怨，却不打算参与其中，只想兢兢业业做好一个教授的分内事。如今刘东星把李贽请到武昌府来讲学，他不能不卖这个面子，勉为其难地和李贽共事。

武昌士子得知李贽前来讲学，早已闻风而至，争先恐后地占据位置。课室里不够坐，只好转移到厅堂。厅堂里又不够坐，只好转移到室外空旷处。

潘广文没想到李贽影响力如此之大，心里暗暗吃惊。

李贽姗姗而来，没有任何客套话便直接开讲了。他口若悬河，讲了三四个时辰，听众如痴如醉，不时爆发出热烈的掌声。日晷渐移，不知不觉到了晌午，李贽结束了演讲。士子们意犹未尽，围住他想继续交流，潘广文只好劝走了士子。

下午是潘广文主讲，刘东星请李贽过来捧场，李贽便过来了。

潘广文看到台下士子济济一堂，和自己平日讲学稀稀落落的情景大不相同，知道士子们乃为李贽而来，心里很不是滋味。怀着复杂的心情，他开始了演讲："孔夫子说：巧言乱德，小不忍则乱大谋。即是讲小事不忍耐，就会坏了大事。是故日常诸事须谨小慎微，亦须容忍为先。即有恶行坏行，亦当以浸润熏陶为主，不必遽加谴诃。盖因小子不可不教，然而成败自有定数，苛责之则徒伤至情，有害无益……"

潘广文讲得越来越起劲，逐渐沉浸在自己的浸润式教学法中。台下有士子低声嘀咕："已经听了几百遍，耳朵都要起茧子了。"李贽看到士子们一脸了无生趣的神情，不禁感到好笑。

士子只盼着潘广文快点讲完，终于等到他说"今天讲习到此结束"，士子们踊跃地鼓掌，潘广文正要起身致意，却见有人站起来开始向李贽提问题，对潘广文却恍若无睹。

终于等到士子们问完了问题，纷纷离去。潘广文想上前去和李贽打招呼，李贽却一言不发转身走了。潘广文瞪着李贽拂袖而去的背影，不得不对自己"容忍为先"的理论躬自实践了一回。

李贽走在街上，想起潘广文讲课的情景，暗暗叹息：日复一日，年复一年，都在贩售这些僵化腐朽的教条，这就是我们王朝的教授、晚辈的老师，多叫人绝望啊！

一群少年在街边市肆中饮酒唱歌，不时地发出阵阵笑声、掌声和欢呼声。李贽看着他们猜拳斗酒、率直豪放的模样，不知不觉被他们吸引了过去。

"一片赤诚，无所畏惧，这才是少年应该有的模样！"

酒馆里的少年似乎察觉到李贽正在看他们，向他招手："那老头，怎么一个人在大街上溜达？过来一起喝酒吧！"

李贽听到少年的招呼，丝毫不觉得他们无礼，反而感到十分开心。他走进酒店，少年叫店里伙计拿多一个碗，斟满了酒，递给李贽。"来，请你喝酒。"

李贽呵呵笑道："好，多谢，多谢。"仰头把酒喝完。

少年拍着他的肩膀，说："你也是个痛快人，再来一碗？"

李贽接过碗，又仰头干了。他醉倒在酒店里，没有人知道他姓甚名谁，从何而来。少年结账走了，酒家只好让他在店里过了一个晚上。

听说李贽整晚未归，刘东星心里非常着急，怕他在外遇到危险，派人四处去寻找。得知他在酒馆里过了一晚，忍不住亲自去看，抱怨道："潘广文好歹是个教授，你多少给点面子，怎么不搭理他，反倒跑来和一群少年喝酒？"

李贽哈哈笑道："潘广文讲学不过是借人口吻，陈腐不堪；少年在酒馆里喝酒唱游，个个率性天真。我不欣赏这一派天真，却去忍受那陈腐气味，不是更奇怪吗？"

刘东星听了也哈哈大笑道："果然是卓老作风。"

李贽的书案上放着几部书，除了佛经之外，还有《水浒传》和《西厢记》。

这是道学家目为诲淫诲盗的书，却在市井间广泛流传，家喻户晓。每次到城里，李贽都会买些小说戏曲回来，越读越有兴趣，忍不住圈圈点点，批语写得密密麻麻。

小沙弥常志送茶水过来，看到案头的《水浒传》，被吸引住了。

李贽停笔问他："常志，你读过《水浒传》吗？"

常志答道："没有读过，但从小听说书先生讲过水浒故事，打打杀杀的，非常有趣。"

"你最喜欢哪个人物？"

"我最喜欢打虎英雄武松，神勇无敌。"

李贽哈哈笑道："武松诚然是个痛快人，但依我看，李逵才是梁山泊第一尊活佛。"

常志不解地看着他。李贽说道："李逵一派天真，为善为恶，皆出本性。宋江用了他，他心里就只有宋江，没有成心执见。如果道君皇帝用他，他心里也一定只有皇帝。这种人必不会成为蔡京、高俅、童贯那样的奸贼。"

常志听了觉得很有道理，心服口服，又问道："那梁山泊中哪个最坏？"

"宋江逢人便拜，见人便哭，自称'小吏小吏'，或自招'罪人罪人'，其实是假道学真强盗。不过这种人却能收买人心，所以在梁山泊中能做头领。"

常志点头说道："先生所言极是，若非听您讲，我还悟不到这点。"

李贽合上《水浒传》，手掌在书皮上摩挲不已，叹道："虽是小说戏言，高明者自能得于语言文字之外。"

常志很遗憾地说："先生读《水浒传》独具只眼，可惜天下人却不知道。"

李贽微微一笑，这个小沙弥并不知道，早有书坊闻风而动，写信向他索要评点本，想要刊刻流传。

外间市肆上充斥着各种神魔小说、英雄传奇小说、才子佳人小说，良莠杂陈，不辨妍媸。老百姓喜欢读这些小说戏文，只因其中世情百态无不活灵活现，他们从小说戏文中领受到的教益远远多于四书五经。李贽忽然灵机一动，冒出一个念头：如果集中点评几部优秀作品，岂不是更有裨益？何况假道学将小说戏文视为不登大雅之堂，自己早就看不惯他们的嘴脸，正好借小说戏文来抒发愤懑。想到这里，他忽然有了主意。"常志，你会写字，愿意帮我抄写《水浒传》的评点吗？"

常志欣喜若狂，一口答应。

李贽开始全本点评《水浒》的工作，让常志从头到尾把批点抄在书册上。经过日夜不停地工作，《水浒》《西厢》等书的评点已经到了杀青阶段。苏州书商袁无涯通过袁宏道联系上了李贽，只等抄完即可付梓刊行。

焦竑奉差南下，在汉阳与李贽相见。李贽把评点文字给他看，但见天头地脚密密麻麻写满了小字。焦竑读道："《水浒》《西厢》之所以绝佳，在于其中有童心在。童心即是真心，不假修饰。文何必秦汉，诗何必古《选》，有感于童心而发即好文章。"

"好文字！笔力非凡！"焦竑大为欣赏。

"我主'童心说'，袁中郎（即袁宏道）主'性灵说'，其理一也。他日文坛必奉为圭臬。"李贽信心满满。

因为众多名士交相推许，李贽已经蜚声书林。各地的书商们纷纷折简求书，有的请他批点《红拂记》《拜月亭记》《浣纱记》一类的传奇，有的请他选评《老子》《庄子》《墨子》之流的子书。润笔丰厚，自养有余，日子过得非常舒适。

一日，李贽回到寓舍，一群府衙里的仆役围在门口，要找他理论。原来常志和同住的人发生矛盾，一气之下放火烧了房子，所幸只烧了家具和衣服，并没有伤及人命。

李贽很生气，去找常志却到处找不到。直到很晚常志才回来，李贽闻到他满身酒味，不禁骇然，说道："你一个和尚，为何放火烧屋，又跑去喝酒吃肉？"

常志不以为然，说道："水浒豪杰个个如此，你不是也说鲁智深是真修行，不吃狗肉的智真长老是迂腐吗？"

李贽大怒，喝道："小说家言能当得真吗？这样下去，我就要赶你走了。"

常志却笑道："五台山的智真长老能容鲁智深，难道李老子你还不如他？"

李贽一阵无语。第二天，常志一早就出去，李贽找不到人，终日提心吊胆，怕他在外面惹事。果然到了傍晚时候，刘东星过来找他，说常志在街上饮酒吃肉，没有结账就走，被店家抓住送官了。

李贽赶紧去结账赔礼，把常志保出来。见常志一副满不在乎的样子，气恼不过，对他说："你还是回龙湖去吧，在这里怕会闯出大祸。"

常志很不满，嘟嘟囔囔地不肯回去龙湖。李贽怕他逃走，好声好气地劝说他，又连夜叫人去刘东星那里讨了一枚邮符，让邮卒把他押送回去。常志很不情愿地来到驿站，邮卒打了个招呼，便去牵马。耽搁了一会儿，邮卒才回来。常志怒目大骂："竟敢怠慢本爷，看你有几颗头？"

李贽懊恼地说："平日纵论《水浒》，没想到竟使他误入歧途。此事终要传为笑话，更诬《水浒》《西厢》为诲淫诲盗之书了。"

刘东星宽慰道："若因小人不可与言大道，便从此不言大道，岂非因噎废食？"

李贽叹道："究竟痴人之前不得说梦。礼法虽为外物，世俗中断不可无，唯上上人可以超越。耿氏之徒倒也并非全无道理。"

心下竟似对耿定向及其门徒的攻击有些释然。

回　归

万历二十一年（1593），这是李贽在武昌寓居的第三个年头，刘东星已离开武昌到北京担任都察院御史，过去的禁令也放开了。

李贽意外地收到一封梅澹然的来信，娟秀的笔迹写道："自从您走了以后，麻城就如一潭死水，乏味而无聊。我时常怀念您在麻城的日子，又担心您年纪越来越大，在外漂泊，无人照顾，希望您尽快回龙湖来。"

澹然信中流露的关心令他感到一阵温暖和感动。他在麻城居住了十二年，早就把那里当成自己的第二故乡，梅家、周家对他从来都是无私地支持，无条件地信任，在他心里胜似亲人。

回麻城！一念既出，万山无阻。

路途无风无雨，平安顺利。澹然见到牵挂已久的老师，非常欢喜，命人为自己削发。"从此，我就是您的追随者。今天是我的生日，也是我获得新生的日子。"

李贽非常感动，写了一组诗送给澹然：

闻说澹然此日生，澹然此日却为僧。僧宝世间犹时有，佛宝今看绣佛灯。

可笑成男月上女，大惊小怪称奇事。陡然不见舍利佛，男身复隐知谁是。

我劝世人莫浪猜，绣佛精舍是天台。天欲散花愁汝着，龙女成佛今又来。

绣佛精舍中的居士善因、明因也随之落发皈依佛门。善因是澹然的嫂子，孀居在家，没有子女，却能管理家业，抚育小姑长大。明因是澹然的妹妹，没有读过书，大字不识一个，曾经感到苦恼，后来在李贽的鼓励下开始读书认字。

这几位传统女性为了李贽的回归，纷纷突破世俗的藩篱。

麻城士绅一片哗然，大骂李贽蛊惑良家妇女，也有人责怪梅国桢教女无方，甚至捏造事实侮辱澹然等人。骂声不仅没有让李贽退缩，反而增大了他的名气。

追随者越来越多，信众捐资增建芝佛院，重盖了佛殿，增加了禅房。

李贽缓步来到大殿。释迦牟尼佛高高地站在正中，眼睛微微看向下方，仿佛在悲悯人世间的无奈。宝像庄严，令人心生敬意。

"这泥土没有灵气，没有生命，却能捏佛祖像佛祖，捏菩萨像菩萨。为何人却不如泥土，只能以孔子之是非为是非？"

世人给自己树立藩篱，他偏要去推倒这面藩篱。重病需用猛药攻，他越发坚定自己的想法，哪怕被世人视为异类也在所不惜。

虽然是六十多岁的老者，他心中却有着勇士的斗志，命人在后山高处修造了塔屋，准备作为埋骨之所。

袁宗道得知李贽为自己修造佛塔，慷慨捐

资，却被谢绝了："这是我长眠之地，不能假借他人之力。但将来墓碑题字，愿兄为之。字要大，要楷。"

袁宗道一口答应。塔屋造好了，高耸入云，非常壮观。

新任湖广按察司金事史旌贤赴任路上途经麻城，特来拜见恩师耿定向。

耿定向致仕之后，在天台山中创办了一所书院，求学者不远千里而来，天台山竟成了黄安县的文化圣地。他日夜著书讲学，不知老之将至。直至一场风寒击倒了他，才意识到自己已经到了风烛残年。

史旌贤知道恩师和李贽之间的论战，以为是被气病的，不禁捶打着床沿，痛彻心扉。

"据说李贽还营造塔屋，打算在麻城住到老死。如此可恶，决不能忍。等我寻个由头，驱他出去。"

"如果定理还在，我和李贽之间应该不会走到这个地步。"耿定向似乎心存悔意。"其实李贽离开麻城，出走武昌，遇困黄鹤楼，如此种种，并非出于我的授意。门生故友同情于我，相逼于他，使之更为张狂，反而加重了我的罪过。"

"然而他在麻城倡邪说，收女徒，确为事实。最可恨的是，此人擅长煽动人心，追随者还不少。"

耿定向摇摇手，说道："李贽虽败坏纲常，倡导男女平等，毕竟只是口头说说。据我多年观察，其为人极爱清洁，不娶妾侍，不贪女色，唯爱读书讲学，倒也是一条铮铮汉子。"

史旌贤唯唯而去，对李贽诋毁名教一节，心里始终不能释然。

芝佛院里，李贽早就收到友人的消息，说新任佥事将与他为难，愿他及早出去避祸。经历过大风大浪的他并不把这等小事放在心上。

一个年轻人千里迢迢从山西来，呈上书信给李贽。"麻城形势不好，父亲诚心邀请老师到老家沁水去主持书院讲学，万望不要推脱。"

来人是刘东星的儿子刘用相，在武昌的时候经常跟随李贽读书，以弟子自居。

"晋川兄盛意可感，若在平时，我必当随你去了。但眼下有人要驱我出走，若我走了，岂非畏罪潜逃，我又何罪之有？"李贽摇摇头，"无念已经前往黄檗山，这里除了我再没有人能够主持得了，且等乱局定了再说。"

刘用相知道自己无法说服他，不得已只好作罢。

寒冬腊月，大雪漫天，龙潭湖冰冻三尺。

李贽收到一封书信，看完之后脸色很古怪，半晌也没有出声。

门人很好奇，问是何人来信。

李贽望向山下的龙潭湖，缓缓说道："耿定向约我到天台书院会晤。"

论战多年，经历了多少次劫难，耿定向竟然亲自写信相邀，着实令人意外。

"老师要赴约吗？"

"去，当然要去。"李贽毫不犹豫地说，"当年初来湖北，曾寄寓在耿家天窝书院，耿氏兄弟待我极亲厚，那几年也是我过得最为舒心的时期。后来虽然与之决裂，私心里对他还是深怀感激，若没有他，也不会有今日之我。"

黄安天台山巉岩耸立，形如天造。李贽从界河高柳桥往西走，见一山谷口便进入，走了十五里左右，来到险峻的半头岭。又沿着山岭往北行三里，经过牛耳岩和万归庵。岩北有一山洞，洞口奇石罗列，如台、如几、如狮、如虎。四周古树参差，极其险峻。

看着大自然的鬼斧神工，李贽不禁心生感慨：能把天台书院建在这里，可见耿定向也是一个胸有丘壑的人。

大雪过后的山中早已披上银装，天台书院门前积雪打扫得干干净净，屋檐上犹挂着冰凌。

七十多岁的耿定向伫立在书院门口，望着山下曲曲折折的小路，耐心地等待着。

身旁友人扶着他，说道："这么冷的天气，他会来吗？"

"会的。"耿定向很有信心。"卓吾从不主动召人，但有人召他，必欣然前往；从不求人财物，但有人馈赠于他，也坦然接受。他所应诺之事，即便千山万水也会履约。"

"两位先生都是名重学林，此次会面必然传为佳话。"

"我本来也放不下面子。沈鈇写信给我，说天地间自有一种学问逃杨归墨。仔细揣想，也不无道理。以舍弟为例，虽然日日耳提面命，他仍然沉溺于禅道，可见是本性亲近，并非见异思迁。我迁怒于卓吾，是有些过了。"

雪后山路难走，李贽走了半天，终于来到天台书院。看到耿定向须发俱白，面容瘦削苍白，显然是大病初愈，却仍在门外久候。此情此景，竟无语凝噎。

耿定向欣然一笑，向他伸出双手。"今日只叙旧谊，不论学术。"

"正有此意。"

事隔多年，两位老人终于达成和解。李贽在天台书院住下，除了读书谈论，两人还写了许多唱和诗文。

直到次年春暖花开，李贽才回归龙湖之上，而耿定向在他离开之后，身体每况愈下，不久就溘然长逝。

事隔多年，李贽和耿定向终于达成和解。

这一年是万历二十四年（1596），李贽已经迈入了七十岁的大关，对生命有更深的体悟，泛观博览，略无窒碍，毁我誉我，宠辱不惊。

从来没有过这么轻松愉快的感觉，李贽把自己的日常生活写成一首《读书乐》歌：

> 天生龙湖，以待卓吾；天生卓吾，乃在龙湖。龙湖卓吾，其乐何如？四时读书，不知其余。读书伊何？会我者多。一与心会，自笑自歌。歌吟不已，继以呼呵。恸哭呼呵，涕泗滂沱……

写完之后，抄了一份寄给袁宗道。

李贽已不再接收新弟子，只留几个用心读书的年轻人仍住芝佛院，其余逐一遣去。又整理了过往的读书笔记，渐次汇聚成册，交由书林刻梓。

一日，山下来了几个差役，说是奉命查封芝佛院，要将李贽押回原籍。李贽从来就不是擅长隐忍的人，闻言勃然大怒，便去质问原因。原来，他前些日子检点与女弟子澹然、澄然、善因、明因之间的通信往来，觉得尚有可取，便结成一册，取名"观音问"。《观音问》流传出去之后，麻城士绅群起而攻之，史旌贤乘机以"男女混杂""有伤风化"之名要对付李贽。

李贽出离愤怒了。他既已老迈，手无寸铁，如今还要面对这种无妄之灾，他的朋友们能理解吗？他写了一封信给周思敬，倾诉道："我只是一个出家人，年已老迈，终日读书，等待死期而已，哪里做出过什么伤风化的事？我向来自由自在，走到哪里，兴致尽了，自然离开，无需驱逐，更不必押解。如果我不离开，谁也不能勉强。我与山野之中的鹿豕犹能安然相处，何况是人？可这些人总是容不得我！"

他一生披肝沥胆，都在追求一个"真"字，老年却要被遣回原籍，这无论如何也不能接受。

芝佛院里的弟子已经走完，只剩下新安人汪本钶还跟随在身边。

李贽明白汪本钶的心意，却让他快点离开："你快走吧，会试时间就要到了，三年才考一次，别耽误了。"

"可是眼下这样的形势，我不能放心。"汪本钶执意不走，要保护李贽。

"平生能有这样的弟子，还有什么遗憾呢？"李贽非常感动，不能不为弟子考虑。"既然你不放心，我就离开好了。刘晋川多次来信，邀我到山西上党家中做客，且去那里住些时日吧。"

这是一场漫长的游历。

李贽在汪本钶护送下来到山西上党，刘东星在坪上建了别业给他居住。

过了一年多，梅国桢到大同担任巡抚，邀请他过去相聚。他又离开上党，途经太原，来到大同。梅国桢公务繁忙，九月初李贽便离开大同，来到北京西山，寓居于极乐寺中。

阔别了二十年的帝都依然没有太大改变。李贽并不寂寞，京城里有许多朋友。焦竑已经考中状元，任职于翰林院。耿定力、袁宏道也在京城任职。刘用相从山西来陪他，盘桓多日才回去。汪本钶落第之后，仍留在京城跟随他读书。

万历二十六年（1598），焦竑被弹劾贬职，退居南京故里，邀请李贽同行。他们买舟从通县运河南下。途经邳县时，国子祭酒朱国祯前来舟中会晤。行至仪征时，又见了袁中道。一路走来，不仅见了许多故交旧友，还有不少文字上的收获。他已经编撰了《明灯道古录》《藏书》《孙子参同》《老人行》等多种著作，留下诗歌、小品更不计其数。

夏天，终于到达久违的南京。这里是李贽成名的起点。当年任职南京刑部之时，在这里同朋友定期集会讲学，往事历历如在目前，令人感慨。

今日之李贽却非当年之李贽，已经是名动大江南北的大学者。

李贽问道："不知今日之南京学风如何？"

焦竑告诉他："复所如今担任南京礼部右侍郎兼摄尚书事，弟子最多，据说家家收藏岭南夫子书，否则便如未尝读书。"

复所是广东惠州人杨起元的号，杨起元师承泰州学派罗汝芳，最得其传。

李贽颔首道："都是旧相识。当日与楚侗论战，他曾写信给我，劝我'不求其同，而求其适'，想要从中调和。"

焦竑又道："去年八月十八日，复所与许敬菴（名孚远）在神乐道院展开辩论，当时在位者十余人，士子百余人，布衣之士、童蒙之士、僧道民众又百余人，各自围绕双方听讲，诸有问者，随所酬答，堪称一时盛事。"

杨起元听说李贽来到南京，前来相邀一起讲学。杨起元本就名声极大，加上李贽的影响，每日车马填门塞巷，水泄不通。

一日，焦竑拿着一本小册子来找李贽。"看看这段话，有意思呀！"

李贽接过来一看，原来是佘永宁、吴世征两位学生写的《永庆问答》。只见上面写着："我们跟随杨复所问学，先生说：'温陵李卓老学问最好，现住永庆寺中，去见过了吗？'学生说：'早就听闻大名，却未见过。'先生问：'何不去见见？'一个学生说：'听说他不爱跟人说话。'先生说：'不说话见见也好。'又有一个学生说：'听说他脾气很大，爱骂人。'先生说：'他也不是什么人都骂，能给他骂才好。'学生便问：'李卓老的学问和老师的学问有什么同异？'先生说：'有什么同异？就是不同也别管他。'"

李贽哈哈大笑。"这只是寻常情状，得他二人等闲拈出。"

讲学日久，李贽和杨起元在南京城里有成千上万的追随者。声势越大，越引起卫道者的恐惧。年底将近，杨起元被任命为北京吏部右侍郎，正要动身北上，母亲却病逝于南京，只好扶柩归葬故里。甫一离开南京，便有人上疏弹劾，罪名竟是和李贽勾结讲学，散播伪学异端之说。

"是我连累了他呀！"李贽满怀愤懑地说。

"这本就是同类相求，声气相应，谈何连累呢。"焦竑却不认同。

刘东星在济宁府司漕务，因公来到南京，顺道邀请李贽到济宁去。李贽正欲专心编纂《阳明先生道学钞》和《阳明先生年谱》二书，南京城里已不安宁，便起身随他去了山东。

"昨为白下客，今为济上翁。"李贽自嘲道。

从出仕以来，一直都过着漂泊的生活。随着年渐老迈，李贽感到很是疲劳。

刘东星对他极其尊重，出入雇肩舆给他乘坐。夏日炎炎，一个小童专门为他撑盖遮荫。可这越发引人侧目，时常有人骂他张狂。若在年轻时，李贽必然大加反击，但现在已不屑应对，只默默地编纂自己的著作。《道学钞》和《年谱》都完成了，修改润色之后就可以交给书坊刊刻。

可惜刘东星职务常常变动，李贽已无法随之四处奔走。

李贽想找个可以安心养老的地方。南京太繁华，太热闹了，并非他心仪的居所。他左思右想，决定还是把龙湖作为终老之地。

多少次出走，多少次回归。龙湖，七十四岁的李贽又回来了。

涅　槃

　　龙潭湖依旧清澈，芝佛院却是萧条冷清。过去的友人有的已经去世，有的已经断交，再也没有名士纷沓而至的景象。

　　芝佛院的十几个沙弥还在守护着塔屋，李贽的回归令他们意外而欢喜。饱尝过人情冷暖，李贽对沙弥的勤谨服侍非常感激，心里总想为他们做些事情。他把《法华经》的先辈解注抄录出来，选择通俗易懂的汇集成册，又把历代道家、佛家的好诗录出，写了几百纸。

　　"经常诵读这些诗歌、注文，可以使人心地开明，就算不能心地开明，胸中有数百篇文字，口头有十万首诗书，也足以惊世骇俗了。"

日子平静地流淌，平静得似乎没有人记得龙湖上住着一位大名士。李贽也希望人们忘了他，但他心里隐隐感到有些不安。

　　一日，外出归来，只见芝佛院门户洞开，遍地狼藉，佛像、供桌皆打翻在地，后山上的塔屋也被拆除。墙壁上的朱色大字"逐游僧，毁淫寺"无比刺眼。寺庙里几个小沙弥鼻青脸肿地跑出来，向他哭诉："刚才有一伙人跑来，把院里搞成这样，临了说还会再来。"

　　李贽终于清楚了，卫道者拆毁芝佛院，是想断了他在麻城的根基，彻底地把他驱逐出去。

　　"到底是谁干的？"

　　小沙弥回答："据说是湖广按察司金事冯应京下的命令。"

　　"冯应京？"李贽难以置信地重复道，"当日在南京，我曾与泰西利玛窦交往，向他请教天文数学之理。利玛窦信仰天主教，国人多视为异端，只有我和冯应京不以为然。彼时我曾叹赏其卓识和胸襟，不意今日竟迫害于我。"

　　李贽心疼地察看他们脸上身上的伤口，心里异常愤怒，却无力抵抗，气得长须直抖，仰天长叹。

小沙弥害怕地说道："他们连人都打，还说打死了也不怕，我们出去避一避吧。"

"若只为我一人，死也不怕，但恐殃及你们。"李贽收拾了东西，带着寺里的小沙弥，到黄檗山去投靠无念。

数年前无念离开龙湖云游四海，行至鄂皖交界处，见一派山脉高耸入云，极其巍峨，幽清灵秀，便想移驻于此。其地隶属河南商城，袁宏道正好认得商城太守范观父，写信请求赐地建寺，于是在黄檗山中建造了法眼寺。

李贽骑着小毛驴，带着几个小沙弥走了许多天，终于进入黄檗山的茂林之中。

无念和众僧侣圈了山头土地自耕自种，过着极为清苦的生活。李贽对于物质的需求很低，并不介意这种清苦，反而觉得这里偏僻安静，适宜读书。

日子一天天过去，李贽的身体越来越瘦弱，虽无病痛，已经不堪熬夜。他居住的禅房里，书籍堆满了架子，案上床上满满都是稿纸，墨香弥漫。《易因》在去年已经交由南京书坊刊行，深受焦竑称道，但他并不满意，还在反复进行修改。

无念对他的刻苦极为佩服。"即便是年轻举子，也没有您这般用功。"

李贽却深感不足，叹道："未死尚当穷究《系辞》之奥。夫子晚年沉迷于《易》，读书竟至韦编三绝，我也是近年才从中体悟到玄妙之处。读此书，迷时千万里，晓时即在目前。若不趁机写下来，便滑走了。"

汪本钶背着行囊，在黄檗山的羊肠小道上踽踽独行。这里太偏僻了，马车轿夫都不愿意进来。他已经走了大半天，这会儿站在半山岔口上，不知该往哪个方向去。感觉到饿了，干脆拿出干粮，席地而坐，开始吃起来。

入山以后就没碰到人了，也不知道是否走错了路，再找不到就只能露宿山里了。汪本钶一点也没有后悔，他追随李贽从龙湖到山西，从山西到北京，又从北京到南京，这一路上的收获别人是无法体会到的。每个人都有自己的缘分，他碰上了李贽，体悟到生命存在的意义，这就是他的缘分。

汪本钶第一次在龙湖见到李贽是在万历二十二年（1594）某天。原以为李贽是个追求养生的神仙中人，见了面才知道并不是。李贽说："大丈夫生于天地之间，太上出世为真佛，其次不失为功名之士。如果当世无功，万世无名，要养这狗命在世何益，不如死罢了。"汪本钶深受震撼，终于明白自己孜孜追求的长生术既不存在，也无价值，从此舍弃对长生术的追求，追随李贽做学问。

他转而改走科举之路，每每问老师怎样才能考中，却遭李贽呵斥："我又不教举子业，若要问怎样才能考上进士，你去问别人好了。"于是闭嘴不敢再问。

李贽既说要追求功名，又看不起科举考试，他在追求什么呢？汪本钶有段时间很迷茫，随着相处日久，才逐渐明白李贽的胸怀和野心，由衷地佩服。这是一位洞察千古的哲人和勇士，他的名字必将铭刻在史册上，能够追随他，难道不是自己的幸运吗？

汪本钶吃过干粮，喝了几口水，又再次上路了。终于看到法眼寺的山门，千山万水尽在脚下，他感到有些泪眼蒙胧。

擦了擦脸上的汗水，整理好衣裳，叩响了法眼寺的大门。

李贽见到他，一脸平静。"我正在修改《易因》，既然来了，就帮我抄写吧。"

汪本钶求之不得，马上就开始工作。李贽每天给他讲一卦，快到年终的时候，六十四卦总算讲完了。经过昼夜不休的读书问学，汪本钶对于《周易》的理解已是另一种境界。

冬天的黄檗山大雪纷飞，罕有人迹。一个中年人千里迢迢地来到黄檗山，这是来自北京通州的马经纶。

马经纶是万历二十三年进士，曾任监察御史，因为直言忤旨，被连贬数次以至削职为民，从此家居读书，终日诵读经史。他与李贽素昧平生，一年多以前读了李贽的著作大为触动，到济宁漕运总督府去寻访。两人性格相似，相见恨晚。临别相送，李贽以七十多岁的老迈之身，竟送他送到直沽（天津），然后才买舟南下，回到麻城。

马经纶来到法眼寺，听说了李贽的遭遇，心里极为气愤，当即写了《与冯金宪书》，谴责冯应京对李贽的排斥打击。又给朝中官员写了《与当道书》，为李贽辩护。李贽既感激他见义勇为，又担心他因此得罪更多的人。

"我若怕得罪人，便不会落到丢官的地步了。话说回来，不平则鸣，若不能鸣，居官又有何用？"

马经纶仰慕同样敢于直言的李贽，热切地邀请他到通州居住，李贽一直都没有答应。

冬去春来，马经纶又要回去了，李贽写了一首诗作为送别。黄檗山实在太偏远了，难得有朋友来访，这份诚意足以令人感动。四处漂泊的人生中经历过无数次聚散匆匆，李贽从没有如此伤感过。

"请跟我到通州去吧，在这里实在不能令人放心。"马经纶又一次发出邀请。

李贽心里难以割舍，默默地点了点头。马经纶欣喜若狂，马上帮他收拾东西，无念派了弟子护送他们北上。

一路走走停停，繁花渐歇的四月，李贽终于来到通州。

马氏是通州大族，有许多良田别业，城南莲花寺就是其中之一。马经纶将李贽和众僧侣安置在莲花寺中。

"我平生多次来到京城，未曾想晚年竟然会流落于此。"李贽怀着既来之、则安之的心情，开始了在通州讲学著述的生活。闲暇时候便和马经纶四处游玩，不仅重游了西山的极乐寺，还到过北京西南的房山和东北的盘山。

盘山巍峨挺拔，李贽一到这里便心生欢喜，对马经纶说："老朽之身，百年大计就在这里了。"

马经纶听到李贽有意在北京终老，自然求之不得。

汪可受在霸州任职，听说李贽来了通州，便过来拜会。一路上，想起当年在湖北初见李贽剃光了头，嘲笑人们"总跳不出"的样子，不禁微微一笑，心想，不知李老子现在又是如何？

李贽从寺庙中走出来迎接他，虽然光着头，却是穿着儒服，戴着儒冠。

汪可受吃惊地问道："卓翁过去鄙视腐儒，为何今日却作此装扮？"

"过去对夫子了解不多，近年读《易》，始知其深不可测，值得礼敬。"

汪可受笑道："以此看来，卓翁过去行事，仍在是非窠中。"

李贽也笑道："那是人道中的事，并非学术上的事。有手在，见到该打的人如何不打？有口在，见到该骂的人如何不骂？"

"果然还是卓吾老子！"

汪可受在莲花寺中住了多日，因为公务不得不离去，临走叮嘱李贽要保重身体，以待他日再会。

袁宗道在北京做官，忙于组织诗社活动，竟因过劳而逝。袁中道入都迎灵柩回公安，顺道拜访李贽，向他请教禅理。

袁中道问道："学禅该作何功夫？"

李贽不假思索道："参话头。"

"然而有人半生参话头，却了无消息，这是为何？"

"不解起疑。疑是学道法宝，疑大则悟大。我近来心中尚有余疑，可惜没遇到大作家，痛与针扎一番。"

袁中道过去见二位兄长推崇李贽，不明所以，至此才完全服膺。

李贽日夜不停地修改《易因》，年底时候终于改完了。跟原书相比，改动了十之七八，已是面目全非。

他满意地放下笔。"此书完成，可以无憾矣。"

李贽病倒了，米水难以下咽。换了多种药方，病情不见好转。

开春了，寒潮未退，李贽气喘不止，日夜咳嗽，上气不接下气。身上裹着厚厚的棉袄，仍然感到室内冰冷如窖，幸得汪本钶在他身边细心照料。

万历三十年（1602）二月初五日，李贽努力从床上爬起来。"我大概很难熬过这个春天了，虽是孑然一身，也要考虑身后之事。"

他铺开纸笔，开始写下遗言："春来多病，急欲辞世。倘一旦死，急择城外高阜，向南开作一坑。用芦席五张填平其下而安我其上，此岂有一毫不清净哉！勿太俗气，摇动人言，急于好看，以伤我本心也。但面上加一掩面，头照旧安枕，而加一白布中单总盖上下，用裹脚布廿字交缠其上。既安了体魄，上加二三十根椽子横阁其上。阁了，仍用芦席五张铺于椽子之上，即起放下原土，筑实使平，更加浮土，使可望而知其为卓吾子之魄也。"

李贽不厌其烦地讲述一种从未见过的埋葬方法，把汪本钶看得满头雾水。李贽解释道："我的祖先世代经商，曾信仰回教。到我父亲一辈立志从儒，但有些生活习惯却是改不了的。我平生爱洁，死后唯有这样安葬，才能使灵魂安定。"

这位四处流浪的老人，原来是出身于这样一个家庭啊！汪本钶终于明白，李贽虽然没有回归家族，心灵却是至死也不曾离开。

如同谶语一般，李贽立下遗言之后，病情更加严重，终于卧床不起了。

"不用难过，这不是我的归宿。"李贽对汪本钶说，"过去汪可受曾问我宗门下事，我答他'吾当蒙利益于不知我者，得荣死诏狱，可以成就此生'。如今此事尚未成真，且等等吧！"

汪本钶不明白李贽的话，以为不过病中呓语。李贽却似乎很有耐心，虽然病疴日沉，始终有一口气支撑着。

二月底，天气慢慢暖和起来，杨柳吐出了新绿，喜鹊站在屋角上叫个不停。

汪本钶服侍李贽喝了药，扶着他到屋外晒太阳。李贽坐在藤椅上，感受着大自然蓬勃的生命，心里异常地敞亮。

马经纶正在莲花寺中与他闲聊，忽然听到邸舍之外一阵喧闹，便走出去看。过了一会儿才回来，脸色不甚好看。

李贽问道："是为何事？"

马经纶答道："锦衣卫来人了。"

一队锦衣卫士兵破门而入，大声嚷着奉命缉拿犯人李贽。

汪本钶大惊，问道："老师已经七十六岁，老病至此，犯了何罪？"

李贽异常冷静，让士兵把门板放下，自己爬上去卧倒。"老朽是罪人，快把我抬走，莫连累他人。"

马经纶要求同行，李贽制止他："你是朝廷逐

李贽异常冷静，让士兵把门板放下，自己爬上去卧倒。

臣，按制不能入京，何况家中尚有老父要奉养。"

"不，朝廷认为先生是妖人，我就是窝藏妖人者，同样有罪。"

马经纶执意随行，一行人走到通州城门外，马氏家人闻讯纷纷赶来，想要制止马经纶，他却不听，径自陪着李贽入京。

厂卫衙门历来都是官民畏惧的地方。指挥使把玩着手中礼部给事中张问达弹劾李贽的上疏，上面写着："李贽壮岁为官，晚年削发，近又刻《藏书》《焚书》《卓吾大德》等书，流行海内，惑乱人心。以吕不韦、李园为智谋，以李斯为才力，以冯道为吏隐，以卓文君为善择佳偶，以司马光论桑弘羊欺武帝为可笑，以秦始皇为千古一帝，以孔子之是非为不足据，狂诞悖戾，未易枚举，大都刺谬不经、不可不毁者也。……近闻贽且移至通州，通州距都下仅四十里，倘一入都门，招致蛊惑，又为麻城之续。望敕礼部，檄行通行地方官，将李贽解发原籍治罪。仍檄行两畿各省，将贽刊行诸书，并搜简其家未刊者，尽行烧毁，毋令贻乱于后世道，幸甚！"

疏文后面是万历皇帝的御笔朱批，写着："李贽敢倡乱道，惑世诬民，便令厂、卫、五城严拿治罪。其书籍已刊、未刊者，令所在官司尽搜烧毁，不许存留。如有徒党曲庇私藏，该科及各有司访参奏来并治罪。"

"有意思！"指挥使自言自语道，"李贽出生于嘉靖六年（1527），今年应该有七十六岁了，对付一个老头也要如此大费周章。"

护卫亲军将李贽从监狱中提出来，李贽躺在地上，衣衫褴褛，瘦骨嶙峋，样子极为可怜。指挥使问道："你为何妄自著书，败坏名教？"

李贽答道："我著书很多，都有存留，你们可以去看看，全是对圣教有益无害。"

指挥使见他又老又病，并不难为他，依旧让卫兵把他抬回监狱。

马经纶四处打探，得知事情原委。原来李贽曾著书丑诋大学士沈一贯，沈一贯得知李贽来到通州，便指使礼部给事中张问达向皇帝上疏，奏请缉拿李贽。万历皇帝数十年不上朝，在处理这件事上效率却高得惊人，马上给予批复。

马经纶知道李贽身体不堪磨难，心中大急，写信给锦衣卫的王泰宇金吾和王翼廷主事，请求减轻刑罚，又写信给都谏李麟野、宫谕黄辉，为他辩诬。

汪本钶接到家里的来信，说母亲病重，要他回去。他不得已来与李贽告别，见到李贽病痛缠身，卧地不起，不禁流下了伤心的泪水。

李贽拉着他手，向狱卒索要纸笔，写了一首诗送给他，恋恋不舍地说："没有什么送给你，留个纪念吧。"

汪本钶拿着李贽的手迹，若有千斤之重，哭得更伤心了。

"别哭，你放心去吧。"李贽说，"我没事，至多就是遣回原籍。晋江风景怡人，来日可到彼处相会。"

汪本钶点点头，已经说不出话来。

三月十五日，阳光普照大地，京城里春意融融。

又黑又冷的监狱里，囚犯们哆哆嗦嗦地挤在一起，不知今夕何夕。李贽独自卧倒在条凳上，神情落寞而倨傲。

"喂，老头，你为什么被关进来的？"有人问。

老人转起头来，深陷的眼眶里射出冷峻透骨的光芒，缓缓地说："敢倡乱道，惑世诬民。"这是皇帝批文里的原话。

"敢倡乱道，惑世诬民？哈哈哈……"囚犯们好像听到一个天大的笑话，哄然大笑起来。

有人用逗趣的语气问："那老头，你倡了什么乱道？"

"我骂了该骂的人。"

"皇帝老子怎么判你？"

李贽没有回答，依然回过头去，好像在沉思着什么，喑哑的声音吟道："志士不忘在沟壑，勇士不忘丧其元。我今不死更何待？愿早一命归黄泉。"

囚犯们听到他似乎在吟诗，又是一阵取笑。

一个狱卒走过来，拿着木棍敲了敲牢房木门，说道："老头，你运气不错，判决下来了，只是遣返原籍，准备回福建老家去吧。"

李贽听到狱卒的话，形如枯木的手握得紧紧的，露出条条青筋。他缓缓地弓起身子，说道：

"我已经七十六岁，既老且病，你给我一棒了当，便是至快，何必回去？"

"朝廷如何判决，我们便如何执行。你说了不算，我说了也不算。"

"天恩开敕，可惜无法面谢圣上，就容我在此遥拜，以表谢意。能否为我准备清水，我要沐浴更衣。"

狱卒本来嫌他多事，见他年迈老朽还要长途跋涉回归家乡，心里泛起一丝同情，便答应了他的请求。

李贽又说："请为我带一把剃刀，我要把须发梳理整齐。"

狱卒照着他的要求，准备了清水、剃刀，送到监狱里来。

李贽用水漱过口，又挣扎着洗了头和身子，换上干净的衣裳和鞋袜。狱卒转身正要离去，这时李贽突然拿起剃刀往自己脖子割下去，鲜血一下子就喷出来了，无比虚弱的身子瘫倒在地上，血流了一地。

狱卒吓得面无人色，赶紧拿换下的衣服撕出一条长条，包在他的脖子上。李贽倒在血泊里，用力扭过头去，不给狱卒包扎。

"痛吗？"狱卒问。

李贽已经说不出话来，用带血的手指在地上写出"不痛"二字。

狱卒越发觉得他可怜，问道："你都要回老家了，为什么还要自杀啊？"

李贽颤抖着写下"七十老翁何所求"七个字，手指就再也动不了了。狱卒终于给他包好了伤口，但因为血流过多，已经回天乏术。

李贽睁大昏暗的眼睛，努力看向监狱的窗外，从那里透进来的一丝丝亮光是那么美好。他似乎回到童年时代，在南安乡野里像风一般地奔跑……

遵照李贽的遗嘱，马经纶将其遗骸埋葬在通州潞水之西迎福寺的旁边，墓碑上有焦竑的题字："李卓吾先生墓"。

李 贽
生平简表

● ◎ 明世宗嘉靖六年（公元1527）

───────────────────────────

十月二十六日戌时，生于福建晋江。

● ◎ 嘉靖十七年（公元1538）

───────────────────────────

试写《老农老圃论》，被赞"白斋有子"。

● ◎ 嘉靖二十一年（公元1542）

───────────────────────────

考上秀才，入泉州泮宫读书。原姓林，册系"林载贽"，旋改姓李。

●◎嘉靖二十五年（公元1546）

开始外出谋生。

●◎嘉靖二十六年（公元1547）

与黄氏结婚。

●◎嘉靖三十一年（公元1552）

参加福建乡试，中式举人。

●◎嘉靖三十五年（公元1556）

参加会试不第，乞恩就教，吏部选授河南辉县教谕。

●◎嘉靖三十九年（公元1560）

迁南京国子监博士。到任数月，父亲林钟秀去世，即回泉州
丁忧守制。

●◎嘉靖四十年（公元1561）

在泉州居丧，遭遇倭寇攻城，李贽率领弟侄辈守城。

●◎嘉靖四十一年（公元1562）

服丧期满，携家人到南京复职，原职位被人顶替，遂到北京吏部销假。在北京候补空缺，十余月后补授北京国子监博士。

●◎嘉靖四十五年（公元1564）

任职北京国子监博士，数月后祖父林宗洁去世。率妻女到辉县买屋居住，然后独自赴泉州奔丧。

●◎嘉靖四十五年（公元1566）

服丧期满，到辉县接妻女，其次女、三女皆已饿死。与友人入白云山中避暑。至秋末，始入京任礼部司务。

●◎明穆宗隆庆元年（公元1567）

在礼部司务任上，结识李逢阳、徐用检、赵贞吉等学者，开始接触阳明心学，阅读佛道二家之书。

● ◎ **隆庆四年**（公元1570）

改任南京刑部员外郎。在南京聚友讲学，结识焦竑、耿定理等人。

● ◎ **明神宗万历五年**（公元1577）

出任云南姚安府知府，途经湖北黄安，拜访耿定理。女儿女婿留住在耿家。

● ◎ **万历八年**（公元1580）

春三月，请求辞官。七月，获辞离职，遍游滇中山水。

● ◎ **万历九年**（公元1581）

春，离滇赴楚，初夏间到达黄安，寓居在耿氏天窝书院。

● ◎ **万历十二年**（公元1584）

七月，好友耿定理去世。与耿定向的矛盾越来越深，通过书信往来辩论哲学问题。

◉◎万历十三年（公元1585）

春三月，李贽移居麻城，先住维摩庵，其后迁住龙湖芝佛院。

◉◎万历十八年（公元1590）

自刻《焚书》，在学界引起广泛的影响。

◉◎万历十九年（公元1591）

春，袁宏道来访。住三月，二人同到武昌，在黄鹄矶被卫道者驱逐，赖湖广左布政使刘东星解救得脱，乃留住武昌。

◉◎万历二十一年（公元1593）

春，自武昌回麻城，在芝佛院营造佛殿。夏，公安三袁来访。

◉◎万历二十四年（公元1596）

秋，遭遇驱逐，应刘东星之邀来到山西沁水坪上村。刘东星为李贽刊刻《明灯道古录》一书。

● ◎ 万历二十五年 （公元1597）

春夏间，离开沁水，到大同依梅国桢。秋九月九日，到北京，寓居西山极乐寺。

● ◎ 万历二十六年 （公元1598）

与焦竑同至南京，住永庆寺，与杨起元共同主持讲席。开始著《易因》。

● ◎ 万历二十七年 （公元1599）

《藏书》刊刻于南京。

● ◎ 万历二十八年 （公元1600）

编《阳明先生道学钞》及《阳明先生年谱》。秋，回麻城。旋即再遭驱逐，避走黄檗山。

● ◎ 万历二十九年 （公元1601）

二月，马经纶迎至北京通州。改定《九正易因》。礼部给事中张问达上书参劾李贽。

闰二月，被捕系狱。三月，自刭于狱中。葬于通州城北迎福寺西。